우리는 운동을
**너무
진지하게
생각하지**

우리는 운동을 너무 진지하게 생각하지

10년 차 망원동 트레이너의 운동과 함께 사는 법

박정은 지음

샘터

프롤로그 덜 진지하게 운동을 시작하는 법

처음 자전거를 배우던 때를 기억하세요? 얼추 페달에 발이 닿는 높이의 자전거를 찾고, 그 위에 앉아 보던 때를요. 팔을 단단히 고정해서 핸들이 돌아가지 않도록 힘을 주라는데 어떻게 하는 건지 모르겠고, 분명 앞으로 가려고 하는데 자전거는 자꾸만 좌우로 뒤뚱뒤뚱 흔들리고…… 그렇게 새로운 고비를 만나고, 넘기고, 또는 못 넘기고 결국 넘어지게 되지요. 손잡이는 너무 꽉 잡아서 축축하고, 등줄기에는 땀이 흐르고 있을 거예요. 힘들지만 그렇게 반복하다 보면 서툴게라도 자전거를 탈 수 있게 돼요. 계속 흔들리는 건 마찬가지여도요.

자전거를 타는 일처럼 일단 운동을 시작하면 마음대로 잘되지 않는 순간을 꼭 만나게 돼요. '이렇게 흔들리는 게 맞나?' '제대로 된 자세로 안 타면 다친다는데 계속하면 안 되는 거 아닌가?' 하는 마음도 들고요. 다행히 아무리 운동을 잘하는 사람이라고 해도, 배울 때는 모두 평등하게 휘청이게 돼요.

운동을 잘하는 사람과 못하는 사람의 차이가 있다면, 운동을 잘하는 사람은 흔들려야 배운다는 걸 이해하고 있다는 점일 거예요. 그런 사람은 '이렇게 흔들리는 게 맞나?' 대신에 '이번에는 다른 방법으로 해 볼까?'라고 생각해요. 또 '제대로 안 하면 다친다는데 하면 안 되는 거 아닌가?'라는 걱정 대신에 '지금 방법보다는 아까 방법이 나한테 더 잘 맞네.'라는 확신을 가져요. 왜냐하면 흔들리면서 배워 왔거든요. 그래서 못하는 순간을 잘 지날 수 있고, 더 많은 반복을 할 수 있게 돼요. 그렇게 잘하는 사람은 계속 잘하게 되지요.

'왜 나는 운동 신경이 좋지 않은 거야.'라고 생각하는, 조금 억울한 분이 있을지도 모르겠어요. 하지만 당장 운동을 잘하지 못해도 괜찮습니다. 이제 막 자전거를 배우는 사람이 할 일은 자전거를 훌륭하게 타는 게 아니라, 그저 자전거를 타고 이곳에서 저곳으로 이동하는 법을 익히는 거거든요. 기록을 세울 필요도, 선생님보다 잘할 필요도 없어요. 자전거로 이동하는 기술을 연습했다면 충분해요. 자전거를 배우면서 잘 타지 못한다 한들, 엄청난 실수를 연발한다 한들, 생길 수 있는 가장 큰 일은 자전거를 배우고 원하는 만큼 움직이는 일뿐이에요.

그러니 무엇이든 시작해 봐요. 뭘 배우든 헤맬 수밖에 없고, 어떻게 하든 결과는 그것을 배우는 일뿐이라면, 해도 그만이지 않겠어요? 해도 그만, 안 해도 그만인데 '해 볼까?'라는 생각이 든다면, 같이 해 버려요. 자전거가 이동을 위한 도구라면, 운동은 잘 살아가는 데 필요한 도구이거든요. 매일 운동하려는 강박을 가지고 살아가지 않아도 돼요. 그저 내가 잘 살 수 있도록, 내가 움직일 수 있도록 돕는다면 그것이 나를 위한 운동이고, 나만을 위한 맞춤 프로그램입니다.

혹시 자전거를 처음 탈 때 어떤 스펙을 가진 자전거로 배웠는지 기억나세요? 아마도 자전거가 얼마나 좋은 자전거인지, 내 몸에 최적인지는 중요하지 않았을 거예요. 지금 생각해 보면 자전거를 '탔다'는 것 말고는 잘 기억나지 않지요. 10년, 20년이 지나면 지금 하는 운동도 마찬가지일 거예요. 어떤 운동을 어떻게 했는지는 기억이 흐릿하지만, 운동을 '했다'는 것만은 선명하게 기억할 거예요. 그렇기 때문에 더더욱 곧 잊어버릴 시행착오들이 운동을 시작하는 데에 걸림돌이 되지는 않았으면 좋겠어요. 나에게 가장 적합한 운동을 찾기 위해 시간을 쓰는 것보다, 그저 운동에 시간을 쓰는 일이 많아지기를 바라요.

중요하니까 다시 한번 적을게요. 내가 움직일 수 있도록 돕는 것은 모두 운동입니다. 내가 찾아낸 나만을 위한 맞춤 운동이에요. 그러니 가벼운 마음으로 그 운동을 하셨으면 해요. 해도 그만, 안 해도 그만이라면, 내가 잘 살아갈 수 있도록 나를 도와줘 버립시다. 딱 맞지 않고, 얼추 맞는 운동을 해 봐야 일어나는 일이라곤 그 운동을 배우는 일뿐이니까요.

언젠가 다시 운동이 해야 하는 일로 느껴지면 이 책을 또 펼쳐 주세요. 운동을 덜 진지하게 해도 되는 이유를 가득 적어 둘게요.
그럼, 이만 말을 줄이겠습니다. 총총.

2024년 여름
여러분의 덜 진지한 운동을 응원하는
트레이너 박정은

목차

프롤로그 ○ 4

1장
진지한 마음은 넘어 두고 시작하기
운동을 어렵게 만드는 것들을 넘어서기

몸에 대해 말하기 ○ 15
가스라이팅과 기억상실 ○ 21
더 나은 삶을 위한 휴식 1-햇빛 샤워 ○ 26
바디 프로필 ○ 28
몸과 시선 ○ 36
성희롱과 동기부여 사이 ○ 42
더 나은 삶을 위한 휴식 2-휴대폰 끄기 ○ 50
좋아 보이는 몸의 비밀 ○ 52
우리는 힘 빼는 법을 몰라 ○ 60
무한대의 체력 ○ 66
내 아이디는 fdsa4321 ○ 73
더 나은 삶을 위한 휴식 3-초록 팔레트 ○ 78

2장

제자리걸음도 운동입니다

가볍게 움직이며 알아 가는 내 몸

유산소 너무 싫어 으악 ○ 83
삐뚤어진 세상에서 반듯하게 사는 법 ○ 88
더 나은 삶을 위한 운동 1-허밍 ○ 94
모든 체중에서 건강을 ○ 96
회복과 성장 ○ 104
칼로리의 비밀 ○ 110
더 나은 삶을 위한 운동 2-청소 ○ 116
운다고 근 손실 오지 않습니다 ○ 118
완벽한 단 하나의 목표 ○ 125
더 나은 삶을 위한 운동 3-돕기 ○ 130

3장

우리는 서로 가르치고 배우지
트레이너가 말하는 몸과 생활

체대생과 트레이너 ○ 135

책을 많이 읽네요? ○ 143

쉽지 않은 일 ○ 151

더 나은 삶을 위한 식사 1-천천히 먹기 ○ 158

번역 ○ 160

기분의 값 ○ 168

즐겁고 행복하게 나아가기 ○ 173

더 나은 삶을 위한 식사 2-16시간 단식 ○ 180

아기를 데려가도 될까요? ○ 182

언니들 ○ 187

트레이너의 하루와 쉼 ○ 191

더 나은 삶을 위한 식사 3-한 끼 채식 ○ 202

에필로그 ○ 204

진지한 마음은 넣어 두고 시작하기

운동을 어렵게 만드는
것들을 넘어서기

몸에 대해 말하기

"선생님*, 감기 걸리셨어요? 목이 잠기셨네요."
"방금 울었어요. 울어서 코가 막혔어요."

* 대부분의 피트니스 센터에서는 고객에게 '회원님'이라는 호칭을 쓴다. 나도 전에는 회원님이라는 호칭을 썼었는데 언젠가부터 선생님이라는 호칭을 더 많이 쓰고 있다. 아마도 함께 성장하는 관계라는 확신이 들면서부터 그런 것 같다. 이 책에서는 대부분의 경우 상호 간에 선생님이라는 용어를 쓴다. 같은 호칭으로 혼선이 예상되는 부분에는 회원님이라는 표현을 적었다.

회원들이 센터에 왔을 때 이렇게 말하면, '수업에 반영해서 진행할게요. 그런데 마음은 괜찮으신가요?'라고 물어보고 싶다.

수업하다가 회원을 울린 적이 몇 번 있다. 운동을 심하게 시키거나 해서는 아니고 마음이 힘들었던 때가 어쩌다 수업 시간과 맞았던 때이다. 하고 싶은 이야기를 하는 사람에게 이야기할 수 있는 시간을 만들어 주는 것도 트레이너의 일이라 생각한다.(물론 운동 중간 쉬는 시간의 이야기다.) 운동을 하고 쉬어 가는 시간에는 무슨 이야기를 하든 성실하게 들을 준비가 되어 있다.

대형 헬스장에서 근무하던 때이다. 지원했던 대학원에 붙었다. 헬스장 근무 시간은 오후 2시부터 자정까지였다. 이 근무 시간을 유지하며 대학원에 다니는 건 아무래도 어려울 것 같았다. 퇴사를 마음먹고 회원분들에게 곧 퇴사하게 된다는 이야기를 전했다. 그걸 들은 한 회원이 울었다. 이제 자신감이 생기고 운동이 좋아지고 있었는데 가냐며 울었다. 이때는 일하며 신체 접촉을 하는 것에 반감이 있어, 우는 사람 앞에서 우는 걸 가만히 보고만 있었다. 아직도 후회된다. 앞으로도 계속 잘할 거라고 등이라도 한 번 토닥여 줄걸.

지금도 회원과 섣불리 거리를 좁히는 건 조심스럽다. 그래도 이제는 눈을 마주치며 울어도 괜찮다고 울고 싶으면 울라고 얘기한다. 아무것도 모르는 트레이너 앞에서 우는 사람의 마음을 가늠할 수는 없지만, 같은 공간에 존재하는 사람으로 열심히 곁을 지킨다.

그래서인지 오랜 회원들은 "운동하러 와서 마음까지 건강해져 가요." 같은 말을 자주 한다. 어쩌다 보니 상담사 비슷한 일까지 하는 것 같다. 내가 상담사로서의 자질이 충분해서라기보다는 운동하다 보면 만들어지는 회원과 트레이너 간의 신뢰 관계가 라포*와 닮아 있어서 그런 게 아닐까 싶다.

* 의사소통을 통해 상대방과 형성되는 친밀감이나 공감적인 인간관계

나의 회원이 나를 전문가라고 믿고 내가 시키는 운동이 자신에게 도움이 될 것이라고 믿어야 그가 하는 운동이 그의 몸에 효과적인 운동이 된다. 그래서 신뢰 관계를 만들 수 있도록 노력한다. 내가 하는 노력은 크지 않다. 오늘 하기로 한 운동을 딱 그만큼만 하거나, 카운트하다가 숫자를 잘못 셌을 때 재빠르게 사과한다거나 하는 것이다. "제가 틀릴 수 있어요. 틀리면 얘기해 주세요. 고치겠습니다." 같은 말을 아주 잘하는 편이다. 당연한 말이지만 트레이너도 틀리고, 모르고, 사과하고, 공부한다. 이런 모습을 드러내면 회원도 천천히 자기 몸에 대해 이야기한다.

운동과 친하지 않은 사람이 운동하러 마음을 먹고 센터에 가기까지의 고단함과 트레이너가 자신을 재단하고 평가할 것임을 몸소 겪어 본 사람이 다시 트레이너를 마주할 때의 긴장감을 이해한다. 그가 미는 센터의 문이 얼마나 무거운지 안다. 그래서 조금이라도 그에게 편안한 자리이기를 바라게 된다.

회원과 트레이너의 신뢰 관계가 중요한 이유 중 하나는 회원이 트레이너를 믿지 않으면 부상에 관해서 잘 이야기해 주지 않고, 회원의 역사에 대해서 트레이너가 모르면 하지 않아야 하는 운동을 시키게 될 수 있기 때문이다.

회원과 내가 동등한 관계에 있어야 그가 편하게 어디가 아팠는지, 얼마나 아팠었는지, 그래서 지금은 어떤지 같은 이야기를 풀어 놓을 수 있다. 몸에 대한 정보는 많을수록 좋지만 사생활에 가까운 병력을 묻는 것도 실례인 것 같아서 내가 다친 얘기도 하고 실패한 얘기도 하면서 상대방이 말할 수 있는 부분의 범위가 넓어졌으면 하고 바란다. 그래도 이야기하지 않고 싶을 수도 있기에 머리에 힘을 주고 눈에 보이는 움직임 패턴으로 그의 역사를 읽는다. 아주 노력이 많이 드는 일이지만 괜찮다.

내가 바라는 것은 우리가 좋은 신뢰 관계를 만들어 그가 나를 조금 더 믿고 본인의 얘기를 해 줬으면 하는 것이다. 트레이너는 회원의 몸을 이해하고, 최선의 상태로 만들 수 있도록 노력할 것이다. 그러기 위해서 우선 열심히 들을 것이다.

들을 준비가 되어 있는 사람이라고 느껴진다면 조금은 더 이야기해 보자. 그리고 나의 몸을 위해서도 들을 준비를 해 보자. 트레이너와 신뢰 관계를 만드는 것처럼 나와 좋은 신뢰 관계를 만들어 보자. 트레이너가 있다면 트레이너에게 말하고, 트레이너가 없다면 스스로에게 얘기해 주자. 그리고 더 잘 들어 주자. 그렇게 나누다 보면 결국 건강에 더 가까워질 수 있을 것이다.

가스라이팅과 기억상실

"이제 10kg 해 봅시다. 무겁지 않습니다. 할 수 있어요."

"(작은 소리로) 운동라이팅······."

그는 작은 소리로 말했지만 나는 들어 버렸다. 순간 머리가 복잡했다. 잠깐 그러다가 수업하면서 잊어버렸다. 그리고 다른 날에 다른 수업에서 비슷한 말을 하다가 문득 운동라이팅이라는 단어를 들었다는 생각이 나서 회원에게 알려 줬다.

"저 운동라이팅한다는 소리를 들었어요."

"가스라이팅은 본인의 이득을 위해서 타인을 통제하는 행위입니다. 선생님의 말은 그런 의도가 없고 타인의 이익을 위한 행동에 더 가까워요. 가스라이팅이라고 할 수 없어요."

이렇게 단호한 반박이라니……! 감사한 마음이 들었다.

운동은 성장을 만든다. 개인마다 정도의 차이가 있을 뿐, 모두 성장한다. 몸으로 성장해 본 경험이 많지 않은 사람, 운동은 내가 잘하지 못하는 것이라는 생각을 오래 한 사람들은, 성장하고 있는 중에도 성장을 바라보기보다는 부족한 부분을 본다. 배우는 중이니까 당연히 헤맬 수 있다는 것을 머리로는 이해하지만, 자신이 헤매는 것을 보며 뭔가 잘못하고 있다는 생각을 동시에 한다. 내가 할 수 없는 일이라는 생각을 너무 오래 해서 하면서도 할 수 없다고 자꾸만 되뇐다. 그럴 때 나는 조심스러운 마음으로 충분히 잘하고 있다고 이야기한다. 잘하고 있는데도 못하는 부분만 보려는 노력의 고리를 끊는 방법은 그가 스스로가 되뇌는 것보다 트레이너가 더 많이 이야기하는 것이다.

수업마다, 몇 주고 몇 달이고 이야기하다 보면 자신도 모르게 믿게 된다. 결국엔 '어쩌면 나 운동 천재일지도?' 같은 자신감 넘치는 말을 한다.(실제로 30대 선생님에게 들었던 말입니다.) 내가 하는 건 운동라이팅보다는 충분히 잘하고 있다고 얘기해서 운동을 계속할 수 있도록 돕는 '긍정적 강화*'에 더 가깝다. 회원이 운동을 생각하면 어려운 것, 힘든 것이라는 생각 대신에 '할 수 있는 것, 재밌는 것, 잘하는 것'이라는 생각을 하길 바라는 마음으로 하는 행동이다.

중량을 다룰 준비가 된 건지 아닌지 회원은 몰라도 트레이너는 알 수 있다. 머리로는 할 수 없다는 생각을 하지만, 몸은 할 준비가 되었다. 그래서 할 수 있다고 이야기한다. 처음 다루는 무게여도 당신이 충분히 들 수

* 칭찬이나 보상을 통해 바람직한 행동의 강도와 빈도를 증가시키는 것

있는 무게라고 말하면, 회원은 조금은 불안한 마음으로 어쨌든 트레이너가 된다고 하니까 한번 해 본다. 그렇게 힘들지만 성공한 경험이 생기고, 다룰 수 있는 중량이 늘어간다. 이런 경험이 누적되면 눈빛으로는 된소리가 가득하지만 중량을 늘렸을 때 주저하지 않고 바벨과 덤벨을 잡는다. 그러다 어느 순간이 되면 10kg 덤벨을 들고 팔랑팔랑 뛰어다니는 사람이 보인다.

"선생님, 고양이가 이제 제 배 위에 안 누워요. 배가 딱딱해졌나 봐요!"
"이제 계단 올라가는 게 안 무서워요."
"걸음이 빨라졌나 봐요. 매일 같은 시간에 출발하는데 점점 일찍 도착해요."
"아이를 더 오래 안을 수 있어요."
"여행 가서 하루 종일 걸었는데 괜찮더라고요!"
"퇴근하고 집안일을 할 수 있어요."
"주말에는 등산을 가 보려고요!"

"선생님 기억나세요? 운동 초반에 2kg 덤벨 무거워서 못 들 거 같다고 하셨던 거?"

"네? 제가요?"

다들 변하기 전 모습은 잘 기억 못 한다. 다행인 일이라고 생각한다. 중량도 잘 다루고, 튼튼하고 강한 지금의 나만 기억해도 된다. 트레이너에게 '운동라이팅'을 당한 거라 생각한다 해도 괜찮다. 안된다고 여겼던 적이, 약했던 적이 없었던 사람처럼 지내는 모습이 좋다. 지금의 그 긍정을 계속 가져가서, 그렇게 건강하고 자유롭게 당신이 지내기를 진심으로 바란다.

더 나은 삶을 위한 휴식 1

햇빛 샤워

수면은 햇빛의 영향을 가장 크게 받아요. 양질의 수면을 위해서는 기상 직후와 낮 동안에 햇빛을 충분히 받는 게 중요합니다. 출근길에, 점심을 먹고 난 후에 햇빛 샤워를 해 봐요. 햇빛이 몸 곳곳에 닿을 수 있도록 자세를 취하고, 피부의 온도가 높아지는 느낌이 들 만큼 충분히 노출해 주세요. 아, 자외선 차단제는 꼭 챙기시고요.

일조량이 충분하지 않아도 괜찮아요. 일조량이 부족해도 몸은 빛으로 아침과 낮, 그리고 밤을 구분할 수 있거든요. 온종일 보는 모니터와 휴대폰에서 나오는 빛을 벗어나 해와 가깝게 서 주세요. 해와 가까워질수록 우리는 깊은 잠, 그리고 개운한 아침에 가까워질 거예요.

바디
프로필

바디 프로필이 한창 유행이었던 때가 있었다. 너도나도 바디 프로필을 찍는 걸 보니 그래도 나도 트레이너인데 프로필 사진이 있어야 하나 싶었다. 잊고 살다가 막 새해가 되던 때에 갑자기 몸을 사진으로 남기고 싶다는 생각이 들었다.(아무래도 조증 시기와 겹친 것 같다.) '올해가 20대의 마지막이니까, 기념으로 20대의 몸을 한번 남겨 보자.'

그렇게 대뜸 식단부터 시작했다. 배고프면 먹고 배부르면 그만 먹는 고민 없는 생활을 하다가 탄수화물, 단백질, 지방의 양을 따지기 시작했다. 식단과 운동을 먼저 하면서 바디 프로필 스튜디오를 예약했다. 한 주 동안 두 개의 스튜디오에서 사진을 찍는 일정을 잡았다. 왜 그랬냐고 물어보면 스스로 사면초가의 상황을 만들 필요가 있었기 때문이다. 스튜디오를 하나만 예약하거나 긴 시간을 두고 두 개를 예약하면 한 촬영은 취소할 것 같았다. 나는 나에게 주체적 굶김의 시간을 보내는 것을 설득할 자신이 없었고, 그래서 돈을 많이 썼다. 돈으로 살 수 있는 것 중에 최고는 의지다.

바디 프로필 스튜디오는 자연광으로 촬영한다거나, 야외 촬영 옵션이 있나거나, 부엌 콘셉트, 스파 콘셉트 등 스튜디오마다 특색이 있었다. 나의 스튜디오 선택 기준은 하나였다. 생일 전에 예약이 가능한 스튜디오일 것. 생일에는 친구들이랑 술을 먹고 싶었다. 인기 있는 스튜디오의 경우 3개월 후, 길게는 6개월 이후의 예약까지 차 있었다. 스튜디오 예약을 1월 초에 했는데 생일은 3월 말이었다. 역시나 많은 스튜디오가 이미 예약이

마감되어 있었고, 취소 표가 나온 스튜디오와 아직 경쟁이 치열하지 않은 신규 스튜디오를 예약했다. 전자에서 세 개의 콘셉트, 후자에서 두 개의 콘셉트를 찍는 순서였다. 운동을 하거나 식단을 하는 건 큰 문제가 없었다. 우선순위가 운동과 식단에 맞춰진 삶은 그 나름의 재미가 있었다. 나를 힘들게 한 건 운동도 식단도 아닌 문제 두 가지였다.

첫 번째, 스포츠 브라. 한국 매장에서 살 수 있는 스포츠 브라는 둘레가 작아서 입을 수가 없었다. 맞는 속옷을 못 찾아서 상의 탈의를 하고 촬영해야 할 수도 있겠다 싶었다. 하지만 나에겐 다년간의 소비로 단련된 해외 직구 능력이 있지. 콘셉트와 맞는 옷을 사는데 몇 주의 시간을 보냈다. 다행히 촬영 며칠 전에 드디어 입을 만한 속옷을 샀다. 브랜드의 이름이 대문짝만하게 있는 것만은 피하고 싶었는데 피할 수 없었다.

이제 하나의 콘셉트를 정했다. 남은 콘셉트가 네 개나 되었다. 이 지난한 과정을 네 번을 더 해야 했다. 유산소를 타는 동안 인스타그램으로 다른 사람들의 바디 프로필 사진을 찾았다. 매일 매일 찾았다. 지나고 보니 이때 제일 고장 나고 있었던 것 같다. 콘셉트를 정하기 위해서 레퍼런스를 찾는 시간은 곧 보정이 완료된 남의 몸과 나의 몸을 끊임없이 비교하고 부족한 점을 찾는 시간이었다. 자꾸만 조급해졌고, 더 밀어붙여야 한다는 생각이 들었다. 디데이가 가까워지면서 운동 시간은 늘리고 먹는 양은 더 줄였다. 클라임 밀(a.k.a. 천국의 계단)을 한 시간 타면 아침이 시작되었다. 점심과 저녁 사이에 웨이트 트레이닝과 유산소 운동을 두 시간 정도 했다. 그리고 퇴근해서는 한두 시간을 걸었다. 다시 아침이 되면 천국으로 올라가고, 일하고, 운동을 하고 최소한의 식사를 했다. 하루에 유산소만 서너 시간씩 했는데 살이 안 빠질 수가 없지. 이 모든 일은 내가 헬스장에서 일하는 사람이고, 그 헬스장이 코로나로 휴관했기 때문에 가능했던 것임을 밝힌다. 직장인에게 이렇게 운동하고 먹어야 한다고 이야기할 수는 없다. 운동과 식단이 최우선 순위인 삶은 일을 최소로 할 때만 가능하다.

두 번째 문제도 있었다. 남자 포토그래퍼와 어떻게 소

통할 것인가 하는 문제. 그와의 소통을 위해서는 내가 원하는 것이 무엇인지 명확하고 구체적으로 전달할 수 있어야 했다. 바뀐 몸만큼이나 차곡차곡 쌓인 레퍼런스가 있었고, 그것을 바탕으로 콘셉트 포트폴리오를 만들었다. 나의 포트폴리오에는 여자 사진보다 남자 사진이 많았다. 상의 탈의를 하고 사진을 찍어야 하는 콘셉트도 많았다. 남자 포토그래퍼를 만나 콘셉트를 설명했다. "엉덩이 내밀지 않을 거예요. 여성의 선을 강조하는 형태로 사진을 찍고 싶지 않습니다. 멋있고 강하게 나오는 거면 충분해요." 내 말에 그의 동공이 흔들렸다. 그에게도 처음 해 보는 도전이지 않았을까? 다행히 그의 불안했던 동공은 상의 탈의를 하고 안정을 찾았다.

첫 번째 촬영에서는 버건디색 배경에 검정 슬랙스를 입고 등 사진을 100여 장쯤 찍었다. 등을 돌리고 있어서 사진이 어떻게 나오는지 확인하지 못한 채로 찍었는데, 같이 간 친구와 스태프들의 탄성으로 잘 나오고 있나 보다 가늠했다. 전문가와 그가 세팅해 놓은 조명은 바디 프로필 스튜디오라는 이름에 걸맞게 최선의 사진을 남겨 줬다. 사진 찍는 과정에서는 포토그래퍼뿐만 아니라 자세를 봐주시는 분이 계시고,(이분이 손가락 하나하나의 모양까지 봐준다.) 소품과 환경을 정돈해 주시는 분도 있다. 모델은 그저 말을 잘 들으면 된다. 사진 찍은 후에도 보정으로 근육을 강조해 주기 때문에 몸이 좋게 나올 수밖에 없다.

첫 번째 촬영에서 큰 깨달음을 얻고 두 번째 촬영에서는 조금 더 편안하게 사진을 찍기로 했다. 나시에 조거팬츠를 입었다. 그리고 집에 있는 전공책 중에 멋있고 너무 해지지 않은 것을 골랐다. 도서관에서 주야장천 봤던 책들을 다시 빌렸다. 대충 스무 권쯤 되었다. 수백 페이지의 전공책을 스무 권 넘게 들고 바디 프로필 스튜디오에 갔다. 소품을 정돈해 주시는 분이 사방에 책을 깔아 줬다. 전공책에 파묻혀 있는 것 자체가 콘셉트였달까. 팬티만 입고 있는 사진은 어디 내놓기도 민망했는데 옷을 입고 있고 몸도 멋있게 나온 이 콘셉트는 어디 내놔도 멋있었다.

촬영이 모두 끝나고 몸은 자연스럽게 원형으로 돌아왔다. 원형의 내 몸을 싫어한 적이 없었는데 돌아온 후에는 자주 싫었다. 보정을 마친 바디 프로필 사진과 내 몸을 비교하고 불안에 몰아세우는 일이 자주 생겼다. 몸과 다시 좋은 관계를 맺기까지 지난한 수개월을 보냈다. 그렇게 숫자에 연연하더니 숫자를 버리고 나서야 몸이 가벼워졌다. 이 모든 경험이 더 많은 일을 할 수 있도록 도와주리라는 생각이 들었다.

회원이 바디 프로필을 목표로 운동을 한다고 오면 강박적으로 식단을 하지 않도록 돕고, 건강한 속도로 마음이 다치는 일 없이 원하는 목표에 도달할 수 있도록 도와줄 수 있을 것이다. 다만 불안이 너무 높거나 많은 강박과 함께 사는 사람이라면 바디 프로필을 권할 수 없을 것 같다. 다시 말하면 대부분의 여성에게 바디 프로필을 권하고 싶지 않다. 더 솔직히 얘기하면 한국에서 바디 프로필 문화가 존재하지 않았던 것처럼 통째로 사라져 버렸으면 좋겠다. '#여자바디프로필'이라는 해시태그를 팔로우하고 있는 수많은 남성 때문에도, 이미 수많은 잣대에 노출된 여성들을 위해서라도 없어져 버렸으면 좋겠다. 배가 나왔든 종아리가 두껍든, 타인의 알 바가 아니지 않은가. 복근이 안 보이면 뭐 좀 어떻다고. 트레이너도 선수도 아닌 여성이 무언의 강요에 의해서 몸을 해치지 않았으면 좋겠다.

내가 살이 얼마나 쪘는지보다 내가 얼마나 건강한지가 중요한 세상이었으면 좋겠다. 체지방을 없애려고 하는 엄격한 식단과 과한 운동은 체력을 높일 수 없고, 되려 떨어뜨릴 확률이 높다. 체지방률 같은 납작한 숫자로 나의 몸 상태를 확인하는 것이 아니라, 내가 얼마나 자유롭고 편안하게 움직일 수 있는지를 더 중하게 여기는 세상이 왔으면 좋겠다. 그때가 되면 나는 거지가 될지도 모르겠지만, 그래도 더 많은 여자가 스스로를 편안하게 바라볼 수 있었으면 좋겠다.

몸과 시선

이력서에는 적지 않는 이력이 하나 있다. 굳이 기억하고 싶지 않아서 적지 않는다. 남자 둘이 사장이었고 그 둘이 형제인 대형 센터였다. 1년 좀 안 되게 근무했는데 함께 운동했던 사람들 말고는 기억에서 싹 지우고 싶은 곳이었다. 수업할 때 여자 회원 가슴을 쳐다봤다거나, 중년에게 인기가 많았다거나 하는 알고 싶지 않은 내용을 사장은 재밌는 이야기처럼 말했다. 월급을 주는 사람이 말하니 그저 듣고 있었다. 다들 웃는데 나는 웃을 수가 없었다. '이대 다니는 싸가지 없는 애'여서 얼마나 다행이었는지 모른다. 그의 이야기를 들을 때마다 절대로 저렇게는 살지 않겠다고 생각했다. 인생은 아무렴 반면교사지. '저 인간처럼 살지 말아야지.' 하는 마음이 지금의 나를 만들었다.

트레이너가 수업을 할 때에는 봐야 할 것들이 많다. 스쿼트 한 동작만 해도 트레이너는 발바닥과 발 아치의 안정성, 발목의 가동성, 무릎의 움직임, 고관절의 움직임, 코어의 안정성, 날개뼈의 정렬, 머리 위치, 시선 등을 봐야 해 눈이 두 개로는 부족한 순간들이 많다. 부분을 보는 것뿐만 아니라 전신을 시야에 두고 좌우의 균형과 무게 중심이 운동에 맞게 위치하는지도 확인한다. 통증이 있는 사람의 경우 표정을 보면서 그가 무리하고 있는지 조절 가능한 움직임을 하고 있는지 확인한다. 표정이 어떤지 확인해야 언제 불편함을 느끼는지 알아챌 수 있다. 이 경우가 아니면 운동하는 사람의 얼굴이나 특정 부위를 뚫어져라 보고 있을 이유가 없다. 아니, 그럴 틈이 없어야 하는 게 맞다.

세상이 좀 나아져서 트레이너들이 시선 관리를 한다. 꽤 열심히 한다. 그런데 트레이너가 눈알 관리를 한다고 해서 이 이야기가 끝난 것은 아니다. 운동하러 온 건지, 구경하러 온 건지 가늠이 되지 않는 '그'가 많다. 붙는 옷을 입든 안 붙는 옷을 입든 홍대입구역 9번 출구에서 친구 찾는 사람처럼 눈알을 굴린다. 이런 일들을 겪으면 여성이 헬스장에서 시선으로부터 자유로워지는 게 가능할지 의문이 든다.

대학교에서 트레이너로 근무할 때 브라톱을 입고 운동을 하는 사람들을 제지하라는 업무를 받은 적이 있다. 교직원들의 민원이 있다는 이유였다. 학생들이 학교에서 운동하는 데 교수와 직원들이 불편해서 옷을 검열한다니 말이나 되는 소리인가. 어떻게 학생들에게 이 이야기를 해야 할지 감을 잡을 수가 없었다. 일단 내가 납득이 되지 않았다. 학교의 방침이 이해되지 않는다고 상사에게 이야기했다. 그는 "교수님들이 불편하다고 하니까." "그래도 학교인데 노출이 많은 옷은 불편한 사람이 있을 수 있지." 같은 말을 했다. 이것도 딱히 이해되지는 않았다.

시대착오적인 교직원들이 말도 안 되는 일을 하는 동안 똑똑한 학생들이 문제를 제기했다. 다른 사람이 뭘 입고 운동을 하든지 본인이 운동하는 것과 대체 어떤 관련이 있단 말인가. 헬스장에서 운동하는 사람에게 타인의 복장이 어떤 의미가 있는지는 아직도 모르겠다. 학생들의 노력으로 이 세칙은 없어졌다. 월급을 받는 입장에서 뒤집어엎지는 못하고 이 논의가 진행되는 동안 운동복이 아닌 사복을 입고 수업했다.

다행히 문제는 빠르게 해결되었지만, 그나마 안전한 공간이라고 생각했던 곳도 이 모양이었다. 시선에서 자유로운 헬스장은 허구의 것일까. 시선을 신경 쓰지 않아도 되는, 안전한 공간은 없는 것일까. 궁금했다. 그런 공간에 꼭 있어야 할 부분들은 논의의 여지가 있었다. 다만 없어야 할 것은 명확했다. 그래서 없애기로 했다. 회사의 구성원으로는 아무래도 어렵고, 처음부터 만들어야지 싶어서 만들었다. 웃통을 벗고 브라만 입고 운동을 하든, 레깅스를 입든 조거팬츠를 입든 쇼츠를 입든 간에 입고 싶은 대로 입고, 춤을 추든 헤매든 간에 움직이고 싶은 대로 움직이는 공간을 만들고 싶었다. 여성 전용 헬스장에 여성 지도자만 있는 공간을 만들고 싶었다. 여성 전용 헬스장, 여성 전용 PT샵이라고 불리는 공간에 왜 남자 트레이너만 득실득실한 건지 의문이었다. 여자가 가르치고 여자가 배우는 안전하고 자유로운 공간을 만들고 싶었다.

"공간이 프라이빗해서 외부 시선 신경 쓸 일이 전혀 없습니다. 오롯이 내 몸에만 집중해서 운동할 수 있어요."

"여자들만 있는 공간이니, 탈의실에서 운동복 갈아입을 때도 맘 편하고 운동할 때도 서로 사용되는 근육을 직접 만져 보고 확인하며 운동 가능한 게 넘 좋았음!"

"무엇보다 불쾌하거나 부적절한 말이나 터치 없이 몸과 운동에 딱 필요한 것들만 제공하셨는데, 그게 제일 좋았고요!"

"아무래도 편하게 운동에 집중할 수 있어서 그게 정

말 큰 장점인 거 같아요."

  센터를 방문한 사람들의 후기에서 발췌한 문장이다. 세상에 없는 것들은 이유가 있어서 없는 것이라고 했는데 여자가 가르치고 여자가 배우는 공간은 현재까지도 아주 잘 운영되고 있다. 언젠가 그 이유를 알게 된다면 나는 망해있을 것이다. 그래서 망하지 않고 더 잘 되고 싶다. 안전하고 자유로운 환경에서 운동하는 경험을 한 여자들이 더 활개 치고 다닐 수 있도록, 계속해서 잘되어서 그들과 함께 운동하고 싶다.

성희롱과
동기부여 사이

"선생님, 제 친구가 PT 받는데 자꾸 친구 가슴에 트레이너 선생님 몸이 스친대요."

"야, 엉덩이 만짐 안 당하고 할 수 있는 엉덩이 운동은 없어?"

트레이너로 일하다 보니 이런 말을 많이 듣는다. 예시를 끝없이 적을 수 있을 정도다. 모임에 나가면 한 번씩은 들으니까 못해도 수백 개의 비슷하고 또 다른 이야기들이 있다. 남자 트레이너가 했던 원치 않는 접촉 이야기. 이게 필요한 것인지 아닌지 구분할 수 없어 그저 불쾌한 기분을 느꼈던 여성의 이야기가 너무나도 많다. 헬스장에서 내가 본 것들만 생각해도 의도가 불분명한 신체 접촉이 꽤 있었던 것 같다. 불쾌할 수밖에 없는 서포트를 의도적으로 하는 사람도 있었을 것이고, 트레이너 본인은 그럴 의도가 없이 도움을 주고자 했을 수도 있다.(하지만 의도가 없다고 해도 상대방이 느끼기에 불쾌했다면 그 방법이 아닌 다른 방법을 찾는 게 맞다.) 트레이너가 아무리 선생님일지라도 몸은 그의 것이 아니니까. 도움을 주는 것이라고 해도 동의를 구하는 것이 맞다.

20년이 넘는 경력을 가진 남자 트레이너 선생님이 나부로 된 길쭉한 믹대기를 들고 디니면서 수업하는 것을 본 적이 있다. '뭐 저런 걸 들고 다니지…… 혹시 거동이 불편하신가?' 같은 생각을 했었는데 그분이 가르치는 걸 보니 궁금증이 해소되었다. 그는 손으로 접촉해야 하는 상황에서 막대를 쓰며 동작을 설명했다. 보기에 아주 좋아 보이지는 않았지만 이렇게라도 방법을 찾으려고 하는 게 직업인으로서의 도리가 아닌가 싶다. 인간의 가장 멋진 점은 언제나 방법을 찾는다는 것이니까. 불분명한 의도 전달이 커뮤니케이션의 손실을 만든다면 의도를 명확하게 할 수 있는 방법을 찾으면 된다.

요즘은 트레이너를 보는 시선이 '나쁜 트레이너도 있지만 좋은 트레이너도 많다.' 정도인 것 같다. 처음 트레이너가 되었을 때는 지금보다 훨씬 더 트레이너에 대한 인상이 좋지 않았다. '머리는 나쁜데 운동만 한 애들이 하는 일', '양아치들이 어쩌다 몸 좋아서 하는 일' 같은 말을 면전에서 들었다. 이제 막 처음으로 눈을 마주친 사람이 나를 정의 내리는 일에 진절머리가 나고 있었다. 이야기를 들어 보면 대체로 불분명한 의도의 신체 접촉이 트레이너의 인상을 나쁘게 만드는 것 같았다.

그래서 신체 접촉을 최소화하며 수업할 수 있는 방법을 찾았다. 손보다 눈이 좋아지면 된다. 그렇다고 회원이 딱 붙는 옷을 입어야 하는 건 아니다. 바람막이 같은 재질만 아니라면 붙지 않는 옷을 입어도 꼼꼼하게 자세를 확인하고 피드백을 줄 수 있다. 신체 접촉을 안 하려 하다 보니 보통 수업은 1~2m 정도 떨어져서 한다. 중량을 다루는 동작은 개입해야 할 때가 있어서 조금 더 가까이에서 하고 맨몸 운동을 지도할 때는 조금 더 멀리서 한다. 2m는 떨어져야 발부터 머리까지가 다 보인다. 만지지 않고 수업하기 위해 노력하다 보니 보는 눈이 점점 좋아진다. 수업하다 보면 "쌤은 그게 보여요?" "그걸 어떻게 알아요?" 같은 남이 들으면 납량특집이 되는 말을 듣는다. 꼭 터치가 필요한 경우면 내가 몸을 만지는 게 아니라, 그가 내 몸을 만져서 근육이 어떻게 움직이는지 느껴 보라고 한다. 이제 막 시작한 사람들이 아주 좋은 자세로 가슴 운동을 한다고 근육이 빵빵해지지 않기도 하고, 어쨌든 내가 접촉하는 것보다 그가 접촉하는 것이 서로에게 낫다는 믿음이 있다. 그러다 보니 내가 도구가 되는 길이 가장 적당한 방법이 되었다. 수년간 같이 운동한 사람들은 직접 터치하면서 개입하는 경우가 있는데, 내가 회원의 몸을 만지는 일이 오롯이 성장을 위한 일이라는 믿음이 있다고 느껴지면 그때는 더 밀어붙일 수 있게 터치하며 개입한다.

4월의 날이 좋았던 어느 날, 긴소매에서 반소매로 복장이 바뀌었다. 마침 부대끼며 설명하는 것이 열 배는 이해가 쉬운 동작을 알려 주고 있었다. 팔을 옆으로 들었다가 내리는 동작이었다. 그는 초급자에서 중급자로 나아가는 중이었다. 그런데 그가 스스로 고급자 버전을 알아내고 그 동작이 뭔지 궁금해하고 있었다. 고급자 버전의 '팔 옆으로 들기'는 광배근에 팔을 걸쳐서 움직임의 축을 바꿔 진행한다.(말로 설명하면 물음표가 가득한 동작이 맞다.) 그는 내가 알려 주지도 않았는데 혼자서 축을 바꾸고 있었다. 이렇게 된 이상, 내 몸으로 알려 주는 게 빠르겠다 싶었다.

"손을 여기 두시겠어요?"

"광배근을 펼쳐 놓고 움직이면 움직임의 축이 바뀌면서 자극도 달라져요. 광배근과……." 여기까지 이야기했는데 그가 한껏 상기된 표정으로 외쳤다.

"So sexy! So damm sexy!"

외국에 오래 살다 온 것은 알고 있었지만 그의 영어를 이렇게 듣게 될 줄은 몰랐다. 그 발개진 얼굴이 너무 당황스러워 웃음이 터졌고 나는 웃겨 죽겠는데 그는 좋아 죽는 상황이 한동안 이어졌었다.

동기부여에 관한 논문을 찾다가 지도자의 어떤 부분이 학생에게 동기를 부여하는지 경제학의 방식으로 측정한 흥미로운 논문을 봤다. 결론만 말하자면 가장 큰 영향을 주는 것은 지도자의 이미지, 즉 얼굴과 몸이었다. 내 몸이 누군가에게 동기가 된다면 그것은 트레이너로서 즐거운 일이다. 그래서 얼굴이 빨개지고 방언이 터진다고 해도 그가 하루라도 더 운동을 지속할 마음이 생긴다면 'So sexy' 정도야 칭찬이라고 생각한다.

물론 칭찬으로 받아넘길 수 없는 일도 생긴다. 어떻게 들으나 성희롱이 명백한 문장도, 동작을 시연하다가 갑자기 만짐을 당하는 일도, 인터넷에서 본 희한한 걸 해보라는 끈질긴 요구들도 있다. 그리고 더 자주, 나조차도 내가 성희롱을 당하는 것인지, 그저 동경의 마음인지 구분하기가 어려운 상황들이 생긴다. 트레이너도 이런데 지도를 받는 사람의 입장에서는 더 많은 모호한 상황들이 있지 않을까.

  그러나 돈을 내고 배우면서 운동이 아닌 일로 불쾌한 상황을 견딜 이유는 없다. 트레이너는 몸에 관한 '문제 해결 방법'을 찾는 사람이다. 문제를 만든다면 그는 직업인으로서 트레이너라고 할 수 없다. 자신의 예민함을 검열하기 전에 지도자에게 불쾌한 지점에 관해서 이야기할 수 있었으면 좋겠다. 조심한다고 하지만 불쾌한 상황을 만들었다면 언제 그렇게 느꼈는지, 어떻게 해야 그 상황을 방지할 수 있는지 고민할 기회를 얻고 싶을 테니까. 당신이 누구와 운동하든 상대에게도 고민해 볼 기회가 될 테니까. 지도자에게 꼭 얘기하자.

  얘기해도 안 되면 트레이너가 문제이니 트레이너를 바꾸자. 트레이너에게 직접 이야기하는 것이 힘들다면 더 윗선에 바로 이야기하면 된다. '저 트레이너가 만져서 불편해요.'라고 이야기하는 것이 내가 너무 예민한 사람으로 보일까 걱정이 된다면 둘러대도 괜찮다. 재활에 대한 이해가 없어서, 운동 강도가 너무 높아서, 스케줄 조정이 잘 안돼서, 체취가 불쾌해서 등 무슨 이야기를 해도 괜찮다. 큰돈을 내가면서 불편한 상황을 견디기까지는 하지 않았으면 좋겠다. 자신의 예민함을 검열하지 말고,(무조건 그 XX가 잘못한 거예요.) 운동을 포기하지도 말고, 운동할 수 있는 다른 방법을 찾아보자.

더 나은 삶을 위한 휴식 2

휴대폰 끄기

온전한 휴식을 위해서는 방해받지 않는 시간이 필요해요. 타인과의 연결은 꼭 필요하지만, 24시간 내내일 필요는 없겠죠. 방해받지 않기 위해 휴대폰 알람을 꺼 둘 수도 있어요. 하지만 우리 뇌는 연락을 확인할 수 있다는 가능성만으로도 일부를 사용하게 된다고 해요. 선명한 휴식을 취할 수 있도록 휴대폰의 전원을 꺼 보는 건 어떨까요?

처음엔 5분으로 시작해요. 휴대폰을 꺼 둔 시간 동안에는 아무것도 하지 않아도 돼요. 아니면 밖을 멍하니 보는 것도, 미뤄 뒀던 일을 하는 것도 다 가능합니다. 대기 모드에서 벗어날 수 있다면 성공이에요. 점차 시간을 늘려 10분, 20분, 길게는 한 시간까지도 해 봅시다. 질 좋은 휴식이 늘면 집중해야 할 때에 더 선명하게 집중할 수 있어요. 집중력의 개선은 곧 효율이 높아진다는 뜻이고, 이를 통해서 휴식 시간을 다시 확보하는 선순환을 만들 수 있을 거예요.

좋아 보이는 몸의 비밀

 세상에 뜻대로 되는 일은 잘 없다. 그래도 시간과 노력을 들이면 조금 나아지는 것들이 있다. 그런 것들은 서로 닮았다. 운동도, 공부도, 돈을 버는 것도 다 닮았다. 그중에서 돈만큼 운동과 닮은 것도 없다. 운동이 건강을 쌓는 과정이라면 돈은 부를 축적하는 과정이다. 이 과정에서는 운이 할 수 있는 일이 있기도, 노력이 할 수 있는 일이 있기도 하다.

 또 체력도, 잔고도 눈으로는 보이지 않는다는 것이 닮았다. 어떤 사람의 겉모습만 보고는 그의 체력이 어떤지, 얼마나 기능적인 몸을 가졌는지 알 수 없다. 완벽한 몸으로 보이는 사람이 팔을 들 수 없을 정도로 어깨 관절이 닳아 있는 경우도 있고, 크게 좋아 보이지 않는 몸임에도 울트라마라톤에 나갈 수 있는 체력을 가진 사람일 수도 있다. 벤츠를 타고 다니지만 카푸어일 수도 있고, 뚜벅이 생활을 하지만 통장에 현금이 가득한 사람일 수도 있는 것처럼 말이다.

로니 콜먼이라는 전설적인 보디빌더가 있다. 이 사람의 일대기를 다룬 〈로니 콜먼: 킹이라 불린 보디빌더〉라는 다큐멘터리가 있을 정도다. 세계에서 가장 유명한 보디빌더라고 해도 과언이 아니다. 로니 콜먼은 180cm에 대회 체중은 125kg, 비시즌 체중은 155kg 정도로 팔 둘레만 60cm에 달했다. 힘이 센 것으로도 유명했는데 800lb(약 360kg)의 스쿼트를 하는 영상이 아직도 남아 있다. 세계에서 가장 몸이 좋은 사람. 미스터 올림피아 8관왕. 이 사람은 지금 건강할까? 로니 콜먼은 걷지 못한다. 극심한 허리 통증으로 수술을 열 번 넘게 했고

휠체어를 타고 생활한다. 완벽한 몸으로 보였던 사람의 근황이다.

로니 콜먼만큼 유명하지 않더라도 마찬가지이다. 트레이너를 대상으로 하는 재활 수업에서 어깨 아픈 사람 손 들어 보라고 하면 80%는 손을 든다. 모두가 선망하는 몸을 사진으로 남기는 행위인 바디 프로필을 한번 보자. 우리는 바디 프로필을 준비하는 동안 체력이 떨어지고 컨디션이 나빠지는 건 당연한 것이라 생각하고, 끝난 후에 식이 장애가 오는 것도 당연하다고 생각한다. 이런 것들을 보면 겉으로 멋있어 보이는 몸을 가진 사람들도 사실은 빚쟁이에게 쫓기는 카푸어와 다를 게 없다.

배가 좀 나오고, 인바디 상에서 과체중이라고 나오는, 완벽한 몸과는 거리가 있어 보이는 그런 사람은 건강하지 않은 걸까? 수많은 연구에서 과체중이 저체중보다 건강하다는 결론을 냈다. 한국인 2만 명을 포함해 아시아인 114만 명을 대상으로 한 서울대 예방의학 교실 유영근 교수팀의 9년간의 연구에서 밝혀낸 가장 사망 확률이 낮은 BMI는 22.6~27.5였다. 이 범위는 경도 비만 범위를 포함한다. 이런 연구가 아니더라도 우리 주변에 예시는 많다. 과체중이지만 데드리프트 100kg은 거뜬히 들고 어떤 통증도 없이 살아가고 있는 사람. 매체에 다뤄지는 완벽한 몸의 기준에는 맞지 않을지언정 저체중의 연예인보다 건강하게 살아가는 사람. 눈에 보이는 벤츠는 없더라도 그가 원하기만 한다면 어떤 차도 바로 살 수 있을 것이다. 언제든 쓸 수 있는 현금이 통장에 충분하기 때문이다. 그래도 보이는 부분은 중요하니까, 누군가는 노력을 최소로 해서 벤츠를 살 방법을 찾을 것이다. 훔친다거나, 돈을 빌린다거나 하는 방법들도 있다.

몸의 관점에서도 이런 방법이 가능은 하다. 훔치는 것은 몸을 빨리 좋아지게 하는 금지 약물을 쓰는 것과 비슷하다. 한국에서는 금지 약물은 마약류로 분류되어 '모두' 불법이다. 그러나 보디빌딩 대회의 경우 내추럴* 대

* 약물을 쓰지 않고 몸을 만드는 것, 또는 그런 사람을 뜻하는 말

회와 일반 대회가 분리되어 있다. 그리고 약물을 쓰는 일반 대회가 훨씬 많다. 다들 암묵적으로 약을 사용하고 이는 보디빌딩 세계에서 크게 문제가 되지 않는다. 그리고 일반 참여자는 그 몸을 동경하고 롤모델로 삼는다. 프로 보디빌더가 본인의 선수 경력을 걸고 범법 행위를 하는 것. 경기력을 위해서 불법 약물을 사용하는 것. 모두 잘못된 것이지만, 가장 나쁜 것은 약물을 권하는 행위라고 생각한다.

센터를 차리고 발신인이 적히지 않은 우편 하나가 왔다. 우편에는 약물 리스트와 가격, 그리고 텔레그램 아이디가 적혀 있었다. '아, 이렇게 약물을 유통하는구나.' 아름아름 쓰는 사람들은 봤지만 이렇게 대놓고 초대장을 받게 될 줄은 몰랐다. 약물이 이렇게 흔하다. 각자가 자신의 몸을 담보로 대출받겠다고 하는 것을 내가 경찰도 아니고 어떻게 할 수는 없을 것이다. 다만 내가 트레이너로 해 보지 않은 일을 회원에게 권할 수 없으므로 나는 나와 함께 운동하는 사람에게 약물을 권할 수 없다.

그런데 이 바닥에서 약물을 권하는 일이 너무 많다.

약물에 물리적으로 닿지 않는 사람들도 약물을 쓴 사람의 몸과 비교하고 자신을 깎아내리며 영향을 받는다. 이건 의지의 문제가 아니라 채무의 문제에 더 가깝다. 영혼까지 끌어모아서, 또는 장기를 팔아서 산 벤츠를 타고서는 다른 사람에게는 열심히 안 살아서 벤츠가 없는 거라고 한다.

 돌고 돌아 다시 원점으로 온다. 돈이든 체력이든 무언가를 갖추기 위해서는 태도가 가장 중요하다. 길고 지난한 과정이 태도를 만들고 태도가 부와 건강을 만든다. 기본이 되는 법칙이 있고 각 개인에게 맞는 스타일이 있다. 아낄 수도 있고 더 벌 수도 있다. 덜 먹고 덜 움직일 수도, 잘 먹고 강도를 높일 수도 있다. 불필요한 스트레스를 제거하고, 불필요한 지출을 없애서 가지고 있는 자원의 양을 늘려 가는 일에서부터 시작한다. 그리고 이 과정은 체력이 얼마나 좋아지든, 돈이 얼마나 많아지든 간에 평생 유지하는 습관이 된다. 공격적으로 운동량을 늘리는 방법으로 체력을 키우기도 하고, 안전하고 평탄한 방법으로 점차 체력을 늘릴 수도 있다. 전투적인 방식의 운동은 부상 위험이라는 리스크를 안고 간다. 운동은 리스크가 높아진다고 수익률이 꼭 높아지는 것은 아니지만, 투자도 리스크가 꼭 수익률에 비례하는 건 아니니까 이것조차도 비슷하다. 운이 좋아서 나와 잘 맞는 운동과 지도자를 만난다면 리스크를 감수하지 않았음에도 큰 체력을 얻을 수도 있다.

각자가 가진 좋은 몸에 대한 상도 재무 목표도 다 달라서 먼저 내가 무엇을 원하고, 나는 어떻게 나아가고 싶은지 고민하는 과정이 선행되어야 한다. 모두 다 벤츠를 타고 다녀서 나도 벤츠를 타고 싶다고 생각하는 사람은 벤츠가 생겨도 행복하지 않을 확률이 높다. 벤츠가 나한테 왜 필요한지를 먼저 고민해 볼 수 있었으면, 벤츠를 갖게 된 사람이 어떻게 벤츠를 가지게 되었는지도 함께 생각해 보았으면 좋겠다. 어떤 노력을 해서 돈을 모았는지, 그리고 그 과정에서 어떤 노고가 있었는지까지도 벤츠와 오래 함께하기 위해서 꼭 필요한 과정이니까.

모두 방법을 알고 있다. 조금 덜 먹고 조금 더 움직이면 된다. 조금 덜 쓰고 조금 더 모으면 된다. 요행을 바라지 않고도 충분히 도달할 수 있다. 되려 속도를 늦춰야 지치지 않고 갈 수 있다. 남을 목표로 나를 바꾸려고 하기보다는 내가 되고 싶은 나를 구체적으로 생각하는 게 목표에 도달하는 데 도움이 된다. 결국엔 매일의 과정이 결과를 만들어 준다. 묵묵히 매일을 보낼 수 있도록 내가 지치지 않을 수 있도록 속도를 조절하면 된다.

  내 몸으로 매일을 살아가는 건, 남이 아니라 나니까. 내가 원하는 것만 봐도 된다. 물론 한 번에 뜻대로 되지는 않을 것이다. 그래도 괜찮다. 고만고만한 체력을 가지고 사는 우리가 할 수 있는 최선은 오늘 나를 위한 선택을 하는 것이다. 통장에 현금이 가득 있다면 그 돈으로 무엇을 하고 싶을 것 같은지를 상상하면서 오늘의 저축을 성실히 해 나가는 것이 매일을 잘 보낼 수 있게 해 준다. 우리가 할 수 있는 모험을 하자. 그래도 충분히 건강하고 강한 모습으로 나아갈 수 있다.

우리는
힘 빼는 법을 몰라

"선생님, 어깨에 힘 빼세요."

"그거 어떻게 하는 건데요······."

우리는 힘 빼는 법을 모른다. 나부터도 뭔가 시작해 보려고 하면 어금니를 꽉 깨무는 사람으로서 앙다문 입을 어떻게 푸는 건지 아직도 잘 모르겠다. 김하나 작가님의 《힘 빼기의 기술》은 여러 번 읽었는데 아직 내 몸으로 힘을 빼는 방법은 익히지 못했다. 이완하는 방법을 배워서 익히는 노력은 현재에도 진행 중이다. 더 많은 사람들이 힘 빼고 살기를 바라는 마음으로 '점진적 근이완', '바디

스캔', '미주신경자극' 같은 교육은 꼭 찾아서 듣는다.

최근에 힘 빼기에 관한 가장 큰 깨달음은 명상을 하면서 얻었다. 다음은 명상 수업에서 선생님이 해 줬던 이야기인데, 책을 읽는 분들도 함께 생각해 보면 좋을 것 같아서 적어 둔다. 질문을 읽고 어떤 생각이 드는지를 천천히 감각하고 그다음 단락을 읽어 보자.

"당신 마음 안에는 정원이 있습니다. 이 정원에는 검은 늑대와 하얀 늑대가 있어요. 검은 늑대는 불안, 긴장을 먹고살고, 하얀 늑대는 행복, 만족을 먹고삽니다. 하얀 늑대와 검은 늑대가 싸운다면 어떤 늑대가 이길 것 같나요?"

혹 생각에 방해가 되지 않기를 바라는 마음으로 답은 각주에 달아 두었다.* 이 질문을 처음 들었을 때 나는 고민 없이 검은 늑대가 이겨야 내가 살 수 있다고 생각

---

* 답은 '내가 먹이를 주는 늑대가 이긴다.'이다. 어떤 늑대에게 먹이를 줄지 선택하는 건 오로지 자기 자신만이 할 수 있는 일이고, 그래서 내가 더 신경을 쓰는 늑대가 이기게 된다는 뜻인 것 같다.

했다. 검은 늑대가 커야, 그러니까 내가 불안하고 조바심을 내는 상태여야 안전하다고 망설임 없이 생각했다. 생각하는 동안 어떤 문턱도 없이 매끄럽게 사고가 이어졌다. 답을 듣고 나서 나는 아주 오랫동안 이렇게 생각하고 있었다는 걸, 불안이 나를 지켜 준다고 생각하고 일부러 불안을 켜 둔 채 살고 있었다는 걸 알게 되었다.

많은 사람들이 불안과 강박을 이고 지고 산다. 불안과 편안 사이에서 정도와 방향의 차이가 있을 뿐, 어쨌거나 우리는 불안의 파도가 치는 바다 위에서 산다. 불안을 지나야 나아갈 수 있다고 하는 데 불안은 어떻게 지나는 건지. 학교는 나에게 그런 걸 알려 주지 않았다. 되려 긴장해야 넘어지지 않을 수 있다고 배웠다. 걱정은 걱정해야 할 때 하면 된다는 건 성인이 되고 책으로 배웠다. 아직 일어나지도 않은 일을 걱정하는 건 태어나서부터 줄곧 쉬운 일이었다. 필요할 때 힘을 내려면 불필요한 힘을 좀 풀어야 하는데 먼 미래의 걱정과 현재의 불완전함을 움켜쥐기 바빠서 두 손에는 틈이 없다.

그래서 정작 잡아야 할 좋은 일에는 손이 아닌 발을 내밀어 버린다. 그리고 와장창 넘어진다. 그 와중에도 두 손에는 불안을 열심히도 움켜쥐고 있다.

  센터에 오는 사람들도 각자의 방법으로 각자의 파도를 타고 넘기도, 넘어지기도 하며 살아간다. 우리 모두 그렇게 산다. 그래서 자꾸만 "선생님, 그만 열심히 하세요." "여기서까지 애쓰지 않으셔도 돼요." 같은 말을 하게 된다. 불필요한 힘을 쓰지 말고, 그러니까 너무 애쓰지 말고, 너무 힘들이지 말고, 힘을 빼고 지금 할 수 있는 만큼만 하는 것. 이게 왜 이렇게 어려운 걸까? 김하나 작가님께 개인 레슨 받으면 좀 나아질까?

  트레이너가 힘을 빼라고 하는 경우는 대체로 지금 하려고 하는 운동과 관련 없는 곳에 힘을 주고 있을 때다. 스쿼트를 하면서 굳이 슈러그*를 하고 있을 필요가 없

---

* **어깨를 으쓱하고 있는 자세**

으니까 "어깨에 힘 빼세요." 하게 된다. 하루 종일 어깨에 긴장을 바짝 하고 생활하던 사람이 센터에 오면 잔여의 긴장감이 남아 있기 마련이다. 그래서 이제는 힘 빼도 된다고 이야기하는 것이다. 내내 그렇게 살았으니 힘이 잘 안 빠지는 것이다.

그래도 힘을 좀 빼 보자 우리. 최대의 긴장이 아닌 필요의 긴장만 해 보자. 지금 나에게 필요한 만큼만 신경 써 보자. 그래도 힘이 안 빠지면 안 빠지는 대로 해도 된다. 하루의 긴장이 남아서 어깨가 굳어 있다면 한 번에 이완하기는 어려우니까 조금씩 힘을 빼 보자. 이 과정이 흰 늑대에게 먹이를 주는 과정이 될 것이다. 그러다 보면 토실해진 흰 늑대가 긴장을 낮추도록 도와줄 것이다. 힘쓰느라 애썼는데 힘 빼느라 또 애쓰기는 버거우니까. 힘이 빠지면 빠지는 대로, 안 빠지면 안 빠지는 대로 움직여 보자. 그렇게 나와 당신은 힘 빼기에 가까워진다.

"선생님, 지금은 지금의 최선이 있는 거예요. 지금 하신 게 최선입니다. 잘하셨어요." 같은 말은 역시나 나한테 하는 말이기도 하다. 지금 내가 하는 것이 최선이라고 믿고 넘어가는 일. 흰 늑대를 살찌우자. 검은 늑대에게 먹이를 많이 줘 왔던 만큼 흰 늑대에게 먹이를 많이 주자. 그래서 하얗고 포동한 늑대들 사이에서 검은 늑대가 보호받을 수 있도록.

무한대의
체력

 사전적 의미의 체력이란 '육체적 활동을 할 수 있는 몸의 힘. 또는 질병이나 추위 따위에 대한 몸의 저항 능력'을 말한다. 센터에 방문하는 분들의 이야기를 들어보면 체력은 '덜 피곤할 힘' 또는 '더 오래 집중할 힘'에 가까운 것 같다.

 통증이나 불편함 때문에 오신 경우가 아니라면 대부분은 "퇴근하고 자기 계발을 하거나 생산적인 시간을 보내고 싶은데 그럴 힘이 없어요. 체력을 키우면 도움이 될까 싶어서 왔습니다." 하고 센터에 온다. 그리고 운동하며 체력이 좋아진다. 퇴근해서 큰 저항 없이 집안일을 할 수 있고, 퇴근하고 저녁을 해 먹고, 퇴근하고 운동도 할 수 있는 체력이 된다. 그렇게 성장하다 보면 이런 이야기도 나누게 된다.

"트레이너님 제 체력이 더 좋아졌으면 좋겠어요."
"얼마나 좋아지면 체력이 좋다고 생각하실 수 있을까요? 주변에 롤모델로 삼을 만한 체력 좋은 사람이 있나요?"
"제 친구는 주말마다 산에 오르고, 퇴근하고 영어스터디도 간다고 하더라고요. 저도 산을 뛰어다닐 수 있는 체력이 있었으면 좋겠어요."
"산을 뛸 일이 있으신가요?"
"아뇨, 그런 건 아닌데 그만큼의 체력이 있다면 좋겠어요. 산을 뛰고 싶을 때 뛸 수 있었으면 좋겠어요."
"산을 뛰는 체력을 만들어 드릴 수는 있습니다. 운동 시간을 늘리고 운동 강도를 늘려 나가면 됩니다. 그런데 그 운동 시간과 강도를 만들기 위해서는 다른 일들에 투입되는 시간과 에너지를 줄이고 대신 운동에 투입해야 해요. 그리고 회복을 위한 시간도 더 많이 필요할 거고요. 충분한 시간을 낼 수 있을까요?"

소비주의의 사회에서 무한대에 가까운 소비를 할 수 있게 되어서 그런지, 체력도 무한히 가질 수 있고, 가지고 싶다고 생각하게 되는 것 같다. 미국은 상위 1%의 인구가 부의 80%를 점유한다고 한다. 미국뿐만 아니라, 돈을 아주 많이 가진 사람과 아주 조금 가진 사람의 격차가 전 세계적으로 커지고 있다. 어떤 것이든 많이 소유하는 게 미덕이라며 이야기한다. 체력도 무작정 많이 있으면 좋을까? 체력도 상위 1%의 사람이 인류의 80%의 체력을 소유하는 것이 가능할까? 다행히 체력으로 그럴 일은 없을 것이다. 체력을 축적하는 방법은 몸이라는 한정된 공간 안에서 이루어지기 때문이다. 몸도 어느 정도까지는 커진다. 다만, 다른 사람의 몫까지 커질 수는 없다.

우리는 모두 한정된 공간에서, 한정된 시간과 에너지

를 갖고 살아간다. 인체의 가장 중요한 기능은 생존이기 때문에 에너지를 절약해서 나를 살려 두는 데 최적화된 시스템을 갖추고 있다. 이 말인즉, 당장 필요한 기능이 아니라면 꺼 두는 능력이 좋다는 것이다. 전기세 많이 나온다며 온 집 안의 불을 끄는 할아버지처럼 몸은 매 쫓아다니면서 불을 끈다. 좌식 생활에 최적화된 몸은 격렬한 신체활동을 하지 않으므로 불필요한 근육을 끄고 필요한 최소한의 근육들만 켜 둔다. 구태여 더 많은 양의 근육을 유지하면서 불필요한 에너지를 소비하지 않기 위해서이다.

매일 산을 뛰어다니는 사람은 매일 산을 뛰어다닐 수 있도록 몸이 준비할 것이다. 필요한 만큼 불을 환하게 켜고, 많은 근육을 쓸 수 있도록 준비해 둔다. 따라서 충분한 열량을 섭취하고, 충분한 수면을 취하도록 할 것이다. 그러다 그가 서서히 산과 멀어진다면 그 시간에 하는 다른 활동을 바탕으로 새로운 준비를 해 둘 것이다.

인체는 과거를 기반으로 오늘을 예상해 에너지를 최소로 쓸 수 있도록 돕는다. 활동적인 과거가 있다면 오늘도 활동적일 것으로 예측한다. 오늘의 활동은 내일 나의 활동성을 예측하는 기반이 된다. 운동을 안 하던 사람이 운동하기 시작하면 운동을 준비하며 더 많은 에너지를 쓸 수 있게 대비한다. 이 변화가 체력이 늘어가는 과정을 설명한다. 오늘 나의 요구량을 바탕으로 내일의 요구량을 준비하는 것. 산을 탈 체력을 위해서는 매일의 내가 산을 타면 된다. 당장 산을 타지는 못하더라도 오늘의 내가 운동하는 정도를 늘려 가 산을 타는 정도에 비슷해지면 된다. 그러면 결국엔 산을 탈 체력이 준비될 것이다.

그런데 여기서 비극이 발생한다. 9시부터 6시까지 근무하는 직장인이 운동 시간을 늘리려고 할 때 가장 운용하기 쉬운 시간은 휴식 시간이여서, 그 시간에 운동을 한다. 하지만 성장은 운동과 휴식이 함께 할 때 생긴다. 휴식 시간을 줄여 가면서 한 운동은 그 고생에도 불구하고 결국 성장이 아닌 피로를 만든다. 운동을 정말 열심히 하는데도 부상이 생길 뿐, 원하는 결과가 안 나온다.

언제나 산을 탈 수 있는 체력은 그만큼의 운동을 하고 충분히 휴식할 시간이 있을 때 만들 수 있다. 보통의 직장인은 높은 강도의 운동 후 충분한 휴식 시간을 내기 쉽지 않고, 그중에 누가 그렇게 살고 있다면, 그는 타고난 체력의 크기가 큰 운이 좋은 사람이거나 또는 삶의 어떤 면에서 손해를 감수하고도 그 능력을 유지하고 있을 확률이 높다. 덜 피로하게 지내고 싶어서 운동하는 선택을 했는데, 운동량을 늘리다 보면 결국 더 피로해질 수도 있는 것이다.

내 삶에 꼭 맞는 체력을 찾는 것이 중요하다. 무한의 체력이 아니라, 나의 일상을 위한 체력을 키우고 가꾸는 것이 정확한 목표다. 특히 휴식 시간이 한정된 사람이라면 더욱 그렇다. 그런데 휴식 시간이 한정되지 않은 사람이 있던가? 백수도 바쁘다. 도착지가 없는 체력을 추구하는 것보다, 나의 하루에 알맞은 체력과 체중을 찾는 것이 중요하다. 어쩌다 한 번 산을 달리기 위해서 체력을 비축해 두는 것보다는 오늘의 내게 좋은 경험을 만들 수 있도록 체력을 쓰는 것이 체력을 향상하는 데 더 유효하다. 이렇게 하루하루 움직이다 보면, 체력의 양이 는다. 언젠가를 위한 체력보다, 오늘 하루를 잘 지낼 수 있는 움직임을 채우자. 오늘의 좋은 경험을 위해서 쉬는 게 나을 때라면 푹 쉬고, 또 멀리 떠나고 싶다면 당장 채비해서 출발하자. 당신이 원하는 게 무엇이든 그것을 선택할 수 있다면 좋겠다. 그것이 한 뼘만큼의 체력이더라도 충분하다. 너무 커서 둘 데도 없는 상자보다는 필요할 때 언제든 쓸 수 있는 손에 딱 맞는 도구가 아무렴 삶의 질을 높일 것이다.

내 아이디는
fdsa4321

주니어 네이버에서 처음으로 아이디와 비밀번호를 만들었다. 그때 누가 가르쳐 준 것도 아닌데 이런 생각을 했다. '자주 많이 쓰는 것일 테니까 최대한 빨리 칠 수 있는 걸로 하자.' 그렇게 만든 아이디가 fdsa4321이었다. 이를 자판에 쳐 보면 '타라라락 타라라락.'이면 끝난다. 만 9세 때 한 결정이었는데 지금까지도 도움을 받고 있다. 만약 아이디를 치는데 5초 걸리는 사람이 있고, 하루에 아이디를 치는 횟수가 다섯 번이라고 하면, 20년 동안 나는 그 사람에 비해 40.5시간을 아꼈다는 계산이 나온다.(나의 아이디 입력 시간은 1초라고 계산했다.)

 나는 어렸을 때부터 극단적인 효율 중시 어린이였다. 피타고라스의 정리가 무엇인지 알지 못하던 때에도, 대로변의 직선 길을 두 번 지나는 대신 대각선의 골목길로 다녔다. 누가 시키지도 않았는데 학교 가는 길의 시간을 재기도 하고 걸음 수를 세기도 하면서 가장 빨리 갈 수 있는 방법을 찾으며 등굣길을 걸었다. 아마 조금이라도 더 늦게 출발하려고 머리를 쓰고 있었던 것 같다.

 빌 게이츠던가, 어떤 유명한 사람이 자신은 게으른 사람을 채용하는 것을 선호한다고 이야기했다. 왜냐하면 그들은 가장 효율적인 방법을 찾기 때문이라면서. 어린 나는 게을렀고, 게으름을 피우려면 효율적인 방법을 찾아야 한다는 것을 이해하고 있었다. 그리고 그 어린이는 자라서 트레이너가 되었다. 게으른 트레이너는 함께 운동하는 사람들도 운동하다가 세월이 다 가는 것이 아니라, 짧게 운동하고 최선의 효율을 얻을 수 있게 된다면 좋겠다고 생각한다. 그래서 매번 고민한다. 운동을 가장 효율적으로 하는 방법은 무엇일까? 시간 끌지 않고 답부터 이야기하겠다. '최대로 회복할 수 있는 정도를 찾아서 그 범위 내에서 운동하는 것'이 지금까지 찾아낸 가장 효율적으로 운동하는 방법이다.

미국의 억만장자인 46세 브라이언 존슨은 최근에 신체 나이를 18세로 돌리겠다면서 아들의 피를 수혈받고, 집 한편에 피부과에 준하는 시설을 갖춰 피부 나이를 22년이나 젊게 만드는 등 21세기의 진시황이 되기 위해 노력하고 있다. 이 아저씨는 운동과 식단도 과학자 군단을 끼고 한다. 과학자들은 이 사람에게 어떤 운동 처방을 내렸을까? 엄청난 부자가 모든 자원을 자신의 건강과 젊음을 위해서 투지할 때 어떤 운동을 하게 될까? 다행히(?) 억만장자도 소시민과 거의 동일한 방법으로 운동한다. 맨몸 운동이 기반이 되어 심폐 체력 훈련과 근력 훈련을 병행하는 형태이다. 다만 다른 점이 있다면 엄격하게 제한된 양의 훈련만 수행한다는 점이다. 운동은 많이 하면 좋은 것 아닌가? 아니다. 회복할 수 있는 만큼 해야 '건강'하게 운동할 수 있다.

또 하나의 꿀팁이 있다. 운동 초보자거나, 아직 운동이 습관이 되지 않은 사람이라면 피가 되고 살이 되는 말이다. 가급적 외우자. "하는 만큼 되는 게 맞는데, 일단은 되는 만큼 하는 게 먼저다." 운동 습관이 생기기 전까지는 '되는 만큼만 한다.' 그리고 되는 만큼 하는 운동이 익숙해지면 그때, 훈련으로서의 운동을 '하면 된다.' 그게 하루를 생각했을 때도 나은 방법이고, 1년을 생각했을 때도 나은 방법이다. 그 시간이 5분이든, 30초든 상관없다. 되는 만큼만 한다. 그리고 되는 만큼 하는 것이 익숙해지면 훈련한다. 시간을 정하고, 훈련량을 정하는 등 계획을 세운다. 그전까지는 되는 만큼 고민 없이 딱 거기까지만 한다.

운동을 너무 적게 하는 것이 아닌가요? 이렇게만 해도 효과가 있는 게 맞나요? 라고 묻고 싶은 사람들을 위해 말을 보태면, 운동은 하루 싸움이 아니고, 건강은 단기에 효과가 나는 것이 아니다. 한 번의 운동이 얼마나 충분한가보다, 당신이 어떻게 더 오래 꾸준히 운동할 수 있느냐가 더 중요하다.

되는 만큼 하는 것과 하는 만큼 되는 것 중 무엇을 더 오래 할 수 있을까? 되는 만큼만 해도 된다. 그러다 운동이 익숙해지고, 그러다 어느 날 '운동이 좀 괜찮네?' 하는 편이 '오늘 운동 한 시간 대박 빡세게 했음 갓생~' 하고 1년 쉬는 것보다 낫다. 거창하게 말고, 되는 만큼만 하자.

더 나은 삶을 위한 휴식 3

초록 팔레트

눈의 휴식은 곧 뇌의 휴식이기도 해요. 하루 종일 모니터를 보느라, 집중하느라 지쳐 있을 눈을 위해서 창밖을 보는 연습을 해 봐요. 눈의 초점이 재배열되고, 안구로 충분한 햇빛이 들어오게 될 거예요. 우선 주변에 가로수나 잔디, 사무실에 있는 화분처럼 햇빛이 닿는 곳에 있는 식물을 봐 주세요. 그리고 식물에서 가장 밝은색을 찾아요. 해가 반사되는 정도에 따라 레몬색에서 흰색에 가까운 아이보리색까지도 볼 수 있을 거예요. 그리고 반대로 가장 어두운색을 찾아봐요. 고동색에서 검정에 가까운 색까지 다양한 색을 감각해 보세요.

이렇게 밝은색과 어두운색을 보며 하나씩 초록의 팔레트를 채워 보세요. 처음 목표는 다섯 칸에서 시작해요. 그리고 점진적으로 팔레트의 칸을 늘려 봐요. 시간만 충분하다면 스무 칸 이상의 팔레트를 만드는 것도 가능할 거예요. 모니터 밖을 바라보는 시간이 길어질수록 목과 머리는 개운해질 거예요.

제자리걸음도 운동입니다

가볍게 움직이며 알아 가는 내 몸

2장

유산소
너무 싫어 으악

 나는 왜 이렇게 유산소 운동이 싫을까. 싫어하는 걸 오래 생각해 봐야 좋아지지 않는다. 해야 한다면 별생각 없이 하는 편이 이롭다. 그런데도 문득 가슴에서 치고 올라오는 울컥한 마음이 들 때가 있다. 유산소……꼭 해야 할까?

 배우 구교환 씨가 이런 말을 했다. "너무 싫으면 차라리 사랑해 버리세요." 구교환 씨는 참 마음이 넓은 사람이다. 나는 간장 종지만 한 그릇으로 산다. 애쓴다고 해 봤지만, 유산소와 사랑에 빠질 수는 없었고, 나를 속이는 데도 영 재능이 없었다. 사랑에 빠지길 수없이 실패한 사람으로서 나는 다른 제안을 한다. 싫은 운동이 있다면 '최대한 구체적이고 상세하게 싫어하자.' 그렇게 싫어하다 보면 싫음의 스펙트럼이 생기고, 곧 상대적으로 덜 싫은, 그러니까 조금은 좋아하는 운동이 생길 테니까. 그러면 싫은 운동은 엄청나게 싫은 운동과 조금 덜 싫은 운동, 그나마 괜찮은 운동으로 세분화된다. 이 구분은 금식이 아닌 편식을 가능하게 한다. 금식보다는 암만 편식이 낫다. 그것처럼 운동을 전혀 하지 않는 것보다는 조금이라도 해 보는 것이 낫다. '나는 야채가 싫어.'보다는 '나는 초록색 야채가 숲의 맛이 나서 싫어.'처럼 구체화되면, 숲의 맛을 갖고 있지 않은 다른 야채들은 먹을 수 있게 된다.

처음에는 '적당히 힘든 강도로 운동을 계속해야 해서' 유산소가 싫다고 생각했다. 왜냐면 인터벌 트레이닝처럼 고강도의 형태로 훈련할 때는 그나마 좀 할 만했기 때문이다. 심박이 아주 높아지면 다들 좋다고 말하는 개운하고 깨끗한 상태의 기분에 잠시 머물렀다. 너무 잠시였기는 하지만 그래도 있기는 했다. 그 잠깐을 기대하며 울며 겨자 먹기로 야외에서 러닝을 뛰면서, 실내에서 트레드밀을 뛰면서 번득 깨달았다. 나는 뛸 때 생각이 너무 많아진다. 그래서 개운하지 않고 되레 머리가 무거워진다. 그래서 생각이 안 나는 강도를 만들다 보면 너무 고강도가 되어서 또 러닝이 싫어진다. 정확하게 말하자면, 나는 생각이 많아지는 강도의 유산소 운동이 싫은 것이었다. 그렇다면 너무 고강도여서 내가 운동을 이탈하게 하지는 않지만 적당한 강도이기도 하면서 머리가 복잡해지지 않는 유산소는 어떻게 할 수 있을까?

적절한 운동 강도를 찾는 과정에서 조금만 힘들면 내빼려고 하기를 여러 번, 운동하면 나한테 돈도 줘 보고, 운동 안 하면 남성연대에 기부한다고 공표도 하고 별의별 짓을 다 했다. 난리 통을 본 친구가 얘기했다. "그냥 건강하게 살고 싶은 건데 그걸 그렇게까지 해야 해?" 그러게. 나는 심폐 체력을 위해서 유산소 운동을 하려는 것이지, 러닝을 잘하려고 유산소 운동을 하는 것은 아닌데 말이야.

그 이후로는 달리기를 버렸다. 경사를 오르며 걷는 유산소 운동이 나한테는 가장 좋았다. 그리고 달리면서 생각이 너무 많아지지 않도록 나를 돕는 방법도 찾았다. 집중할 수 있는 영상을 보면 된다. 보통 수사물이나 운동 시합 영상을 본다. 최근에는 〈최강야구〉라는 프로그램의 지분이 가장 높다. 은퇴한 야구 선수들이 현역 야구 선수들과 경기하는 프로그램인데 시합을 보다 보면 시간이 정말 금방 간다. 심박수 140 이상으로 20분을 타는 것이 목표인데, 야구를 보면 경기 결과가 궁금해서 한 번에 100분도 탄다. 내가 유산소 운동을 해서 심박수가 올라가는 건지, 경기를 보며 흥분해서 심박수가 올라가는 건지 정확히 구분이 안 되는 순간들도 있다는 것이 조금 단점이랄까. 하여튼 이제는 머리가 복잡해지지 않는 유산소 운동을 찾았다. 내가 다른 방법을 찾지 않고 무작정 달리기를 고수했다면 나는 지금도 이탈해 있었을 것이다. 매번 실패만 했으면서도 또 실패할 준비를 하고 있었을 것이다.

  싫은 운동이 있다면 구체적으로 싫어하자. 선명하게 싫어하면서 조금은 덜 싫은 것을 편식해 보자. 편식에서부터 시작하는 것이 더 좋을지도 모른다. 운동에 좋아하는 것과 싫어하는 것이 있다? 이미 성공이다. 좋아하는 것이 없고 싫어하는 것만 있다고 해도 괜찮다. 도망가기에 충분하다. 좋은 것을 알아 가는 일이 어렵다면, 싫은 것부터 찾아도 되지 않을까. 그렇게 조금은 덜 싫은 운동이 생기면 한두 번만 해보고 다음에도 싫은 운동을 피해 가면서 하는 것이다. 도망쳐 온 곳에 운동이 있다는 건 운동이 곧 피난처라는 뜻이니까. 하기 싫은 운동은 치우고 조금이라도 선호와 기호가 있는 운동을 곁에 두자. 그렇게 조금은 덜 힘든 것만 골라서, 최대한 편한 것만 취해도 된다. 그런다고 생기는 일은 '기대보다 건강해져 버리기' 같은 것밖에 없을 것이다.

삐뚤어진 세상에서
반듯하게 사는 법

  매일의 움직임은 몸에 남는다. 고개를 한쪽으로 두는 버릇이 있는 사람은 목주름이 한쪽에 더 많다. 발목을 자주 다치는 사람은 성격이 급하고 쉬는 시간을 줘도 발을 동동거리면서 언제 시작하는지 나만 쳐다본다. 새로운 동작을 배우면 잘하고 싶어서 숨부터 꽉 참는 사람이 있고, 느긋하게 쉬는 시간 동안 창밖을 구경하는 사람도 있다.

  한쪽에 더 많은 목주름이 있는 사람은 목을 고쳐야 할까? 웃을 때 눈가에 주름이 생기는 사람의 눈주름은

펴야 하는 걸까? 틀어진 골반은 바로 잡아야 할까? 비 오는 날이면 욱신거리는 발목은 고쳐야 할까? 고치면 더 나아질까? 몸의 위치가 모두 제자리에 있다면, 그 사람은 건강하다고 할 수 있을까?

허리 통증이 있는 사람의 절반은 디스크에 문제가 없다. 그리고 허리 통증이 없는 사람의 절반은 디스크에 문제가 있다. 허리만 아팠다고 하면 디스크 때문이라고 외치지만 디스크는 허리 통증을 설명하는 가장 큰 요인이 되기에 석연치 않은 구석이 많다. 이렇게 허리만 봐도 구조적인 결함을 찾아서 문제의 원인을 제거하려는 방식에 얼마나 구멍이 많은지 알 수 있다. 뼈의 위치는 결과를 설명할 뿐 원인에 대해 충분한 정보를 제공하지 않는다.

눈주름도 마찬가지다. 눈주름에 담긴 세월의 궤적을 감히 읽을 수 있을까? 그가 웃으며 세상을 지나왔다는 것이 전부일 뿐 어떤 상황에 웃어서 눈주름이 생겼을 것이라는 추측은 말 그대로 추측이 될 뿐이다. 그의 역사는 몸에 켜켜이 쌓여 오늘의 불균형을 만들었다. 움직임이 지나온 길이 몸에 남아 있을 뿐이다. 이 불균형은 고쳐야 하는 걸까? 무엇을 고쳐야 하는 걸까?

'체형 교정 산업'이 커짐에 따라 많은 사람이 몸을 고쳐야 할 것으로 바라본다. 열심히 일하고 최선을 다했던 순간이 남아 있을 뿐인데 그 흔적을 고쳐야 한다고 한다. 시작부터 몸과 부정적인 관계를 맺고 하는 운동을 얼마나 지속할 수 있을까. 교정이 필요하다고 해서 교정 운동을 하면 그는 균형 있는 몸을 갖게 될까? 그의 숙련된 움직임은 또다시 그를 불균형하게 만들 것이다. 그는 이미 그의 업에 맞는 최선의 움직임을 찾아 적응한 것이기 때문이다. 21세기에 수렵 채집 생활을 하며 살아갈 수 있는 사람은 많지 않다. 우리는 모두 새로운 적응을 하고 있다. '균형 있는 몸'은 어쩌면 과거의 잔재일지 모른다. 현대인에게 더 필요한 것은 '균형 있는 거북목'이나 '통증 없는 굽은 등' 같은 것 아닐까 하는 생각을 한다.

건강하고 잘 기능하는 몸을 가진 사람조차 "선생님,

저 한쪽 골반이 높은 거 같은데 이거 괜찮나요?" "병원에서 한쪽 다리가 조금 더 길다던데 이건 어떻게 해야 해요?" 같은 질문을 한다. 다리 한쪽이 더 길면 이걸 어떻게 해결할 수 있을까? 방법은 많을 것이다. 가장 간단하게는 어디 뼈를 좀 자르면 되겠지. 근데 뼈를 자르면 무엇이 해결되는 걸까. 원래 뼈는 길이가 달랐을 뿐 완벽하게 기능하고 있었는데.

또 다른 뼈인 척추가 틀어진 척추 측만증의 경우 엑스레이상에서 30도 이상 틀어진 경우에 수술을 권한다. 재활만으로는 일상생활을 잘 지내는 데 한계가 있다고 판단하기 때문이다. 대학원 수업에서 접했던 교수님의 케이스 중 수술해야 하는 정도의 측만을 가진 사람이 있었다. 그의 측만은 35도가 넘었다. 서 있는 모습만으로도, 트레이너가 아닌 사람이어도 측만임을 알 수 있을 만큼 척추가 휘어 있었다. 병원에서는 수술을 권했고, 어머님이 차마 수술을 시킬 수 없어서 측만증 치료로 유명한 곳으로 보내 성인이 될 때까지 치료해 왔다고 했다. 그렇게 여러 운동 센터를 다니다 교수님과도 운동을 하게 되었다고 한다.

 그 사람은 정말 일상생활이 어려웠을까? 재활 운동만으로는 사는 게 고되기만 했을까? 교수님은 수업의 마지막에 그가 클라이밍장을 누비는 영상을 보여 줬다. 클라이밍을 하는 모습을 보면 척추 측만이 있는 사람이라고는 생각할 수 없을 만큼 안정적이고 능숙하게 암벽을 탄다. 그가 수술했다면 클라이밍을 지금만큼 할 수 있었을까? 결과는 알 수 없다. 예후가 좋았을 수도, 좋지 않았을 수도 있다. 그러나 그는 수술하지 않고도 충분히 기능하는 몸으로 살아갈 수 있다는 것을 보여 주었다. 비뚤어진 척추로는 어쩌면 지면을 잘 밀어내지 못할 수도 있다. 하지만 어쩌면 잘 나아갈 수도 있다. 측만증이 없고 나란한 척추를 가진 사람 중에도 허리가 아픈 사람은 많다. 그러므로 척추가 얼마나 휘었는지보다는 현재 가지고 있는 자원을 어떻게 잘 기능하게 만들 수 있는지가 더 중요하다. 측만증이 있는 사람이 조금은 빈약한 자원을 가지고 있다 하더라도, 자원을 충분히 활동할 수 있다면 문제 될 것은 없다. 되려 부족한 자원으로 기능하는 방법을 익힌 사람이 충분한 자원을 믿고 훈련하지 않은 사람보다 더 멀리 나아갈지도 모른다.

 몸을 분해해서 고장 난 곳을 찾는 일을 멈췄으면 좋겠다. 좀 삐뚤어졌어도 '내가 열심히 일하다 보니 좀 삐뚤어졌나 보네. 그럴 수도 있지.' 했으면 좋겠다. 그리고 고장 난 몸을 고쳐야 하는 운동을 하지 말고 더 건강하게 살기 위해서 움직였으면 좋겠다. 기억하자. 당신은 고장 나지 않았다. 조금 삐뚤 뿐! 비뚤어진 바닥에 잘 적응한 몸은 비뚤 수밖에 없다. 그게 더 좋은 적응일 수 있다.

더 나은 삶을 위한 운동 1

허밍

호흡도 운동이라는 사실을 아시나요? 호흡은 우리가 하루에도 만 번 넘게 하고 있는 가장 쉬운 운동이랍니다. 그래서 호흡의 질이 올라간다는 것은 곧 자연스레 하루의 질이 올라간다는 이야기이기도 해요. 이렇게 중요한 호흡, 어떻게 잘할 수 있을까요? 가장 쉽게 좋은 호흡을 만드는 방법은 코호흡을 하는 것입니다. 입을 다문 상태에서 코로 들이쉬고 내쉬는 것을 코호흡이라고 합니다. 이를 연습하는 가장 쉬운 방법은 콧노래를 부르는 것입니다. 콧노래를 흥얼거리는 것을 허밍을 한다고 말하죠.

쉬워 보이지만 '흠흠~' 하다 보면 생각보다 숨이 차는 걸 느낄 수 있을 거예요. 이렇게 허밍을 하는 동안 호흡의 질이 올라가고 폐의 더 많은 부분을 사용할 수 있게 됩니다. 오늘은 한 소절을 한 번에 부를 수 있었다면, 다음에는 한 호흡 동안 좀 더 길게 부를 수 있도록 목표를 잡아 보세요. 한 번에 부를 수 있는 노래의 길이가 길어질수록 지치지 않고 지낼 수 있는 시간이 늘어날 거예요.

모든 체중에서 건강을

고등학생 때 체대 입시를 알려 주던 체육 선생님이 10kg을 빼면 서울대에 원서를 써 주겠다고 했다. 원서를 쓴다고 대학에 가는 것은 아니지만 원서도 못 쓰면 확실히 대학에 못 간다. 못 먹어도 고. 정상 체중에 건강한 몸을 가지고 있던 나는 대학을 담보로 첫 다이어트를 하게 되었다. 하겠다고 뱉었지만, 사실 다이어트가 뭔지 몰랐다. 이때만 해도 식이요법에 대한 정보가 지금만큼 많지 않았다. 대충이라도 무엇인지 알아야 한다는 생각에 검색을 한참 했다. 다이어트는 음식을 아주 조금 먹는 것을 말하는 것 같았다. 원푸드 다이어트를 알고 한 것은 아니었지만, 고등학생에게 만만한 가격에 안 질리고 먹을 수 있는 것을 생각하다 보니 빵이면 되겠다 싶었다. 식빵 한 봉지를 샀다. 한 끼에 식빵 두 쪽을 일주일 동안 먹었다. 일주일의 변화를 살펴보자면, 하루 이틀은 배 안에 음식물이 없어지면서 몸이 가벼운 느낌이 든다. 그리고 사흘이 넘어가면 강한 회의와 함께 내가 왜 이런 일을 하고 있는지 의문이 든다. 나흘 차부터는 기운이 없기 때문에 그런 생각도 잘 안 들고 누가 말 시키면 짜증이 난다. 5일 차에는 짜증 낼 힘도 없고 그냥 다 싫다. 무기력에 눌려 퍼져 있으면 6일 차가 된다. 몸무게를 재 봤다. 5kg이 빠져있었다.

나는 5kg이 빠져서 서울대에 갔을까? 내 형편은 조금 나아졌을까? 체육 선생님은 나를 보고 "어, 살 빠졌네?" 하면서 즐거운 표정을 지었지만 나는 아직도 모르겠다. 원래 체중에서 10kg을 뺐다면 내가 운동을 더 잘하게 되었을까? 그래서 선생님은 나에게 그런 제안을 한 걸까? 아니면 큰 노력이 필요한 일이니 노력하는 모습을 보여 달라는 그런 뜻이었을까? 지금 생각해 보면 전자든 후자든 최선의 전략은 아닌 것 같다.

나의 몸을 훨씬 더 잘 아는 현재의 나는 10kg을 빼면 운동 능력이 올라가기는커녕 활동량이 줄고 기운이 없어진다는 것을 안다. 뇌가 한껏 움직일 수 있도록 도와줘도 모자랄 판에 연료를 제한하며 집중을 해친다니 말도 안 된다. 중고등학교 교과 과정에 몸을 어떻게 쓰는지 알려 주는 시간이 있다면 얼마나 좋을까. 수능이 끝난 학생들에게 메이크업 강좌 대신 기능 해부학을 알려 주면 그들의 삶이 얼마나 넓어질까. 체육 선생님에게 이 일을 맡길 수는 없다고 생각한다. 교과 과정이 개편돼서 강제력이 생기지 않는 한, 개인에게 이를 부탁하는 것은 아무래도 현실적이지 않다. 학부모 대상으로 건강한 신체에 스카이 대학이 든다는 홍보를 하는 건 어떨까 하는 생각도 했지만 사실 이미 다들 알고 있지 않을까. 공부와 운동은 반비례하는 것이 아니라 서로 상호 보완하는 것에 가깝다는 것을. 다이어트는 체력과 다른 말이라는 것을 알고 있고, 그리고 체력이 더 넓은 삶을 만들어 준다는 것도 모두 알고 있다. 다 알지만 그래도 하지 않을 뿐이다.

여자 체조선수의 경기 영상을 본 적이 없다면, 한 번만 봤으면 좋겠다. 도마나 마루 등 팔로 체중을 버텨야 하는 종목 선수의 움직임은 같은 인간이 맞나 싶을 만큼 멋지다. 탄력적이면서도 또 안정적인 움직임에 감탄이 절로 나온다. 하지만 이 선수가 한국에 온다면 어떨까. 그 선수는 얼마나 훌륭한 기량을 펼치는 지와 별개로 뚱뚱한 사람으로 불릴 것이다. 그의 몸은 납작하게 재단당할 것이 뻔하다. "살 좀 빼면 진짜 좋을 것 같다." 같은 댓글이 안 봐도 유튜브다. 얼굴 얘기나 안 하면 다행이겠지. 그 유명한 비너스도 한국에서는 비만일 것이다.

'살 좀 빼면 진짜 좋을 텐데.'라는 말들이 의미가 없는 건 사실 운동선수는 인바디를 재미로만 재기 때문이다. 인바디와 수행 능력은 관계가 없다. 선수가 기록을 내기 위해서 가장 적절한 체중이 있을 수 있다. 그것은 체성분 측정기가 아니라 선수 본인이 안다. 운동선수는

BMI를 재지 않는다. BMI를 재 봐야 근육이 많을수록 비만이라고 나오기나 하지 쓸모가 없기 때문이다. 당신의 전문성은 인바디로 잴 수 있는가? 인바디의 숫자가 당신을 설명할 수 있는가?

그래도 '체중이 많이 나가면 건강에 안 좋은 것 아닌가요?'라고 묻고 싶은 사람이 있을 것이다. 그러면 '비만하면 모두 불건강한 것일까?'라는 질문을 해 볼 수 있다. 한국에서 BMI를 측정했을 때 경도 비만으로 평가된 사람이 있다. 이 사람이 미국에서 BMI를 측정하면 정상이 된다. 이 사람은 비만인가 정상인가? 건강한가 불건강한가? 경도 비만은 괜찮지만 고도 비만은 안 된다고 생각하는가? 그렇다면 고도 비만인 사람이 1년간 꾸준히 체중 관리를 하며 경도 비만으로 가기 위해 운동하고 있다면 이 사람은 건강한가? 불건강한가? 체중은 정상 범주지만 운동을 전혀 하고 있지 않은 사람과 비교한다면 어떨까?

아직도 '그래도 체중이 적게 나가는 편이 더 좋지 않나요?'라고 묻고 싶다면 로런 플레시먼이 쓴 《여자치고 잘 뛰네》*라는 책을 한 번 읽어 보기를 바란다. 세계를 무대로 뛰었던 여성 육상 선수의 자전적 에세이인데 여성 선수들이 과도한 체중 감량으로 얼마나 많은 손해를 보고 있는지를 책의 전반에 걸쳐서 설명한다. "달리기 선수는 체중이 성적에 영향을 미친다는 신념" 때문에 너무 많은 여성 선수가 다쳤고 현재도 다치고 있다. 책에 나온 오브리 아먼토의 2021년 연구에 따르면, 평균 연령 17세의 여성 달리기 선수들의 4분의 3이 섭식행동장애 또는 섭식장애를 앓고 있으며 거의 절반이 무월경 또는 기타 월경 이상을 겪었고, 42%는 골밀도가 낮았다. 여성의 내분비계는 26세까지 평생 사용할 뼈를 구축하는데 '엘리트 운동선수다운 생활 습관'이 내문비세의 호르몬 수치를 바꿔 뼈 건강에 영향을 미치며, 많은 여성 선수가 간신히 뼈를 유지하는 환경에 있다고 로런

* 로런 플레시먼 지음, 이윤정 옮김, 글항아리, 67, 153, 169쪽

은 말한다. 이런 환경 때문에 여성 운동선수는 피로 골절의 위험이 높으며, 상대적 에너지 결핍이 있는 선수는 일반 선수에 비해 피로 골절이 네다섯 배 더 발생한다. 달리기는 중력에 저항하며 골밀도를 높이는 운동임에도 그를 상쇄하는 결과가 나오는 것이다. 이 어린 선수들은 세계 대회에서 좋은 성적을 내고 있다. 그렇다면 이들은 건강한가?

이런 예시들은 끝이 없다. 올림픽 메달리스트 중에는 1형 당뇨를 갖고 있는 사람이 여럿 있다. 이 사람들은 건강한가 불건강한가? 매일 아침에 운동을 하지만 다낭성 난소 증후군을 갖고 있는 사람이 있다. 이 사람은 건강한가 불건강한가? 매일 운동하며 자기 계발을 하는 갓생을 살고 있지만 면역력 저하로 몸에 알레르기 반응이 있는 사람은 어떤가? 질병은 인간의 성실함, 유능함, 외향성 등 성격을 설명하지 못한다. 그리고 질병은 개인의 잘못으로 발병되는 것이 아니다. 다만 우리는 질병에도 불구하고, 건강하기를 선택할 수 있다.

'Health at Every Size(모든 체중에서 건강을).'이라는 슬

로건을 건 '체중 포용 건강법'이 미국을 중심으로 이야기되고 있다. 슬로건의 말처럼, 어떤 체중에서든 우리는 건강할 수 있다. 건강은 내가 무엇을 선택할지 결정하는 태도에 가깝다. 그리고 영구불변의 고정된 상태가 아니다. 겉보기에 건강해 보이는 것과 실제 건강은 다를 수 있다. 우리는 '실제로' 건강하기를 선택해야 한다. 나에게 좋은 것을 선택하는 태도가 있다면 어떤 체중에서든, 어떤 상태에서든 건강할 수 있다.

회복과 성장

 몸을 자주 다치는 사람은 두 가지 분류가 있다. 몸을 과신하는 사람이거나, 몸에 대한 신뢰가 전혀 없거나. 나는 전자이고 꽤 자주 다치는 편이다. 기억할 수 있는 최초의 부상은 가전제품과의 충돌이었다. 기어다니던 시절, 텔레비전 위에 카메라가 올려져 있었고 손잡이 끈이 달랑거리고 있었다. 잡아당기고 싶게 생긴 끈이었다. 지금의 나도 잡아당기고 싶은데, 어렸을 때의 나는 얼마나 잡아당기고 싶었을까. 나는 예나 지금이나 하고 싶은 일을 주저하지 않는다. 끈을 잡아당겼고 카메라가 얼굴로 떨어졌다. 얼굴이 찢어졌고 아직도 콧볼에는 흉터가 있다. 그때 무슨 처치를 받았는지, 어느 병원에 갔고 얼마나 아팠는지 같은 건 기억나지 않는다. 다만 엄마의 놀란 얼굴이 기억난다.

가장 최근에 병원에 갈 정도로 다친 건 6년 전이다. 대학원이 끝나 갈 무렵 테니스에 미쳐 있을 때였다. 어깨가 조금 아팠는데 날도 좋고 공도 잘 맞아서 세 시간 정도 테니스를 쳤다. 운동이 끝나고 정리하고 있는데 어깨가 타는 것 같이 뜨거웠다. 라켓을 보니 라켓 줄이 두 줄 끊어져 있었다. 스트링이 끊어지면 스트링이 받아야 하는 충격을 근육과 관절이 받게 된다. 분명 라켓이 무겁고 다루기 어려웠을 텐데 그런 것도 모르고 계속 쳤다.(대학원이 이렇게 무서운 곳이다.) 얼음찜질하고 하루가 지났는데도 너무 아팠다. 병원에 갔다.

"운동하세요? 어깨 힘줄이 늘어났어요. 아팠을 텐데……."

힘줄이 늘어날 때까지 운동하다니 나는 바보다. 그리고 내가 바보 같은 것이랑 별개로 힘줄이 늘어나면서까지 움직이게 도와주다니. 몸은 언제나 참 멋지다. 이렇게까지 열받은 상태로 나를 내버려 두면 안 되었는데 학위가 뭐라고 교수가 뭐라고 나를 그렇게까지 두었다.

유치원에 들어가기도 전에 내 몸통만 한 수박을 혼자 자르겠다고 하다가 칼에 베여서 손목뼈가 보였던 일도, 아빠 오토바이에 타겠다고 기어올라가다가 머플러에 데여서 무릎에 화상을 입었던 일도, 때 타월로 맨살을 문지르다가 피부가 다 벗겨지는 일도 있었다. 호기심도 힘도 체력도 많은 어린이…… 육아 난이도 최상. 아직도 내 몸에는 이때 얻은 흉터가 있다.

흉터 없이 다친 적은 또 얼마나 많겠는가. 발목을 삐고, 인대가 수도 없이 늘어났다. 보이지 않는 곳을 다치고, 보이지 않는 새 회복이 일어난 적도 있을 것이다. 더 작은 단위의 손상과 회복은 또 얼마나 많을까. 지금도 어떤 세포는 죽고 어떤 세포는 새로 생기고 있다. 나도 모르는 새에 나를 지키고 있는 이 세포들을 위해서라도 더 열심히 쉬어야지 생각한다.

그리고 함께 운동하는 사람들을 생각한다. 수많은 일들에 상처를 입고 아물고 있을 사람들. 그런데도 운동하러 오는 사람들. 그가 잘 회복하고 기왕이면 회복이 성장으로 이어질 수 있도록 돕고 싶다. 그래서 자꾸 캐묻게 된다. "오늘 하루는 어떠셨어요?" "컨디션은 어떠신가요?" "밥은 드셨어요? 잠은요?" 나는 그가 얼마나 지쳤는지 알고 싶다. 그래야 오늘의 운동량을 회복이 가능한 정도로 만들 수 있다.

이런 스트레스와 회복은 운동 능력과는 관계없이 모두에게 일어난다. 의무 트레이너로 유도 선수들과 함께 운동한 적이 있다. 나는 선수들의 부상을 관리해 주는 역할이었다. 2주간의 시간 동안 가장 많이 느낀 건, '선수들이 너무 많이 다친다'는 것이었다. 우리나라에서 가장 잘 움직이는 사람들도 다친다. 아직 앞길이 창창한 선수들이 다 여기저기 수술했다고 하고, 앞으로 수술할 계획이라고 한다. 직장인이 허리 통증, 목 통증 달고도 꿋꿋이 출근해 자신이 할 일을 해내는 것처럼, 선수들도 흔들리는 관절과 통증을 안고 훈련한다. 한 분야의 정상에 오르고 대가가 되려면 아파야 하고 통증 정도는 견뎌야 한다는 얘기를 하는 것은 아니다. 어떤 일이든 숙련자가 되기 위해서는 수많은 반복이 필요하고 이 반복을 위해서 몸의 우선순위가 낮아질 수도 있다는 걸 이해한다는 이야기를 하는 것이다.

내가 할 수 있는 일은 나의 몸이 반복되는 훈련과 스트레스 상황을 잘 지날 수 있도록 돕는 것이다. 열심히 살다가 생긴 불편함이 있으면 조절해 주면서 몸이 쉴 수 있게 돕는 일이다. 쉬어야 회복이 일어난다. 쉬지 않고 하는 운동은 노동이다. 나는 회원들에게 이렇게 말하곤 한다.

"저의 목표는 선생님이 충분히 회복하고 성장하는 것이지 운동으로 탈진하는 상황을 만드는 것이 아닙니다. 운동을 하는 이유는 소진을 만드는 일보다 회복을 만드는 일에 더 가까워요. 운동은 회복할 수 있는 만큼의 적당한 스트레스를 만드는 정도면 충분합니다. 그러면 운동이 끝나고 쉴 때 성장이 나타날 거예요."

우리는 스트레스가 많은 환경에 내던져서 살고 있다. 내가 원하든 원치 않든 스트레스는 받을 수밖에 없다. 급변하는 시기를 살아가는 우리는 출근하면서 만나는, 길에서 스쳐 지나는 사람들을 통제할 수 없고, 미세먼지를 통제할 수 없으며, 상사의 기분도, 오늘의 점심 메뉴도 불분명한 채로 산다. 바뀔 수 있는 가능성이 있는 것은 모두 스트레스가 된다. 미세먼지가 적던 시절의 마을을 생각해 보면 전부 없었을 스트레스다. 비슷한 사람들과 비슷하게 먹으면서 예상 가능한 먼지 속에서 살았을 것이다. 하지만 우리는 더 빨라졌고 더 편해졌으며, 이는 결국 더 많은 불확실성을 만든다. 그러므로, 예상치 못한 스트레스를 흠뻑 받고도 지치지 않을 수 있도록 나를 도와야 한다. 나를 잘 재우고 잘 먹여서 길에서 받는 스트레스에 내가 주저앉지 않도록 말이다.

칼로리의
비밀

 칼로리, 어디에서 온 말이고 무슨 뜻일까? 음식물이 가지고 있는 에너지는 음식물을 태워서 발생한 열로 측정한다. 이 값을 열량, 칼로리라고 한다. 얼마나 많은 열을 내는지를 통해 얼마나 많은 열량을 갖고 있는지를 알아낸다. 우리가 알고 있는 탄수화물 4kcal, 단백질 4kcal, 지방 9kcal는 이 과정을 거쳐서 만들어진 숫자다. 이 과정을 좀 더 구체적으로 설명하면 다음과 같다. 식품 표본을 열량계에 넣고 태운다. 완전 연소 시 탄수화물은 4.1kcal, 단백질은 5.65kcal, 지방은 9.45kcal가 나온다. 실제 사람이 식품을 섭취했을 때에 완전 연소가 불가하고, 거기에 인간은 영양소를 100% 흡수할 수 없기 때문에 소화 흡수율을 고려해야 하므로 불완전 연소에 해당하는 값과 소화 흡수율을 보정하면 우리가 알고 있는 값이 나오는데, 이 값을 전 세계에서 통용되는 애트워터 계수라고 한다. 애트워터는 1844년에서 1907년까지 활발한 연구를 했던 미국 화학자이자 영양학자이다. 애트워터 계수는 이 시기의 미국인을 대상으로 얻어진, 1차 산업혁명이 있던 때에 만들어진 값이다.

생각해 볼 것은 그 시대의 서양인과 지금의 서양인이 다르고, 그 시절의 서양인과 현대의 동양인은 너더욱 다르다는 것이다. 그러나 여전히 100년 넘게 전 세계에서 애트워터 계수를 쓰고 있다. 100년 전 서양인의 소화 흡수율로 보정한 숫자를 신뢰하며, 칼로리 계산에 열중하고 있는 것이다.

이 값이 옛날 값이라는 것과 별개로 에너지 대사 능력은 사람마다 다양하다. 똑같은 음식을 먹어도 그것을 에너지로 만들어 내는 능력이 다르고, 사람마다 소모하는 에너지가 다르다.

인간이 소비하는 에너지를 측정하는 방법은 크게 두 가지가 있는데, 첫 번째 방법은 음식의 에너지를 측정하는 것처럼 커다란 열량계에 인간을 넣고 발생하는 열을 직접 측정하는 것이다. 두 번째는 산소 섭취량과 이산화탄소 배출량을 통해서 간접적으로 계산하는 방법이다. 자동차로 치면 배기구에서 발생하는 연기를 측정해서 얼마나 많은 에너지를 발생시켰는지 계산하는 방법이다. 인간에게 특수 제작한 마스크를 씌워서 관찰하기도 하고 밀폐된 방을 만들어서 들어가고 나가는 산소와 이산화탄소를 측정해 간접적으로 에너지를 측정하기도 한다. 두 방법 모두 어딘가 허술한 면이 있다. 첫째로 정확한 에너지 측정이 불가하다. 기계가 돌아가는데 발생하는 열이 틈을 만들고 마스크 사이의 공간이 틈을 만든다.

여기에 더해 식품 성분표, 그러니까 편의점에서 음료 등을 사면 뒷면에 붙어 있는 영양 성분표에도 오차가 있다. 다음은 식품의약품안전처에 고시된 식품 성분표 작성 기준 중 일부이다.

> 가) 열량, 나트륨, 당류, 지방, 트랜스지방, 포화지방 및 콜레스테롤의 실제 측정값은 표시량의 120% 미만이어야 한다.
> 나) 탄수화물, 식이섬유, 단백질, 비타민, 무기질의 실제 측정값은 표시량의 80% 이상이어야 한다.
> 다) 가) 및 나)의 규정에도 불구하고 「식품위생법」 제7조 및 「축산물 위생관리법」 제4조의 규정에 따른 식품의 기준 및 규격의 성분규격이 "표시량 이상"으로 되어 있는 경우에는 실제 측정값은 표시량 이상이여야 하고, 성분 규격이 "표시량 이하"로 되어 있는 경우에는 표시량 이하이여야 한다.

가)와 나)를 보면 오차를 20%까지 허용하는 것을 알 수 있다.(미국 식약처도 같은 오차를 허용한다.) 하루에 2,000kcal를 섭취하는 사람에게 20%의 오차는 400kcal

이다. 이 오차가 지속되면 한 달간 1만 2,000kcal를 더 섭취하게 된다. 1.33kg의 체중 증가가 가능한 수치다. 이 오차가 1년간 지속된다면 어떨까? 10년이라면? 우리는 그럼에도 큰 변화 없이 체중을 유지한다. 위장은 50배까지도 늘어나고, 한 끼에 섭취하는 칼로리가 1만kcal를 넘기도 하는데도 말이다. 인간이 항상성을 유지하는 것을 우선순위로 둔다는 게 얼마나 멋진 일인가.

과거에는 두통이 있는 사람에게 두개골을 열고 뇌 일부를 제거하는 수술을 했다. 지금은 훨씬 세련되고 비침습적인 방법을 쓴다. 이렇게 인류는 계속 나아가고 있지만, 여전히 불확실하게 아는 부분이 많다. 그것은 당신이 생각하는 것보다 더 많을지도 모른다. 그래서 엄격하게 통제된 환경에서 칼로리 조절을 한다고 해도, 조절할 수 없는 부분이 산재한다.

그렇기 때문에 우리는 체중을 위한 식사보다, 나를 위한 식사를 할 필요가 있다. 나의 기분, 나의 컨디션, 나의 집중을 위한 식사가 필요하다. 내가 먹는 것이 나를 만든다. 화학적으로도 그렇다. 그러니 칼로리 계산을 하기 전에, 나에게 좋은 것으로 나를 채우자.

더 나은 삶을 위한 운동 2

청소

바쁜 하루를 보낸 날은 운동까지 할 여력이 없을 수 있어요. 그럴 땐 어떻게 활동량을 늘릴 수 있을까요? 주변을 정돈하는 것부터 시작해 보면 어때요. 오늘은 방의 한쪽을 정리하고, 다음날 또 방의 한쪽을 정리하다 보면 어느 날에는 퇴근하고 정돈된 집에 도착할 수 있을 거예요. 결과가 TV에 나오는 집처럼 깔끔하지 않아도 돼요. 조금은 어수선한 방이라도, 나에게 더 좋은 것을 주었다는 감각이면 충분해요.

청소는 5분 이내로, 퇴근하자마자 하는 것을 원칙으로 합니다. 잠깐 시간을 내서 정리 정돈을 한 뒤 그 이후로는 쉬면 됩니다. 쉬면서 에너지가 있다면 오랫동안 앉아 있으면서 굳어진 근육을 위해 만세도 하고, 쪼그려 앉기도 하면서 몸을 가볍게 풀어 주세요. 휴식의 질이 더 올라가고, 더 푹 잘 수 있을 거예요.

운다고 근 손실
오지 않습니다

누가 퍼트렸는지 알 수 없지만, 참 미운 놈이다. 운동을 꾸준히 하던 사람도, 운동을 하지 않는 사람도 모두 걱정하게 되었다.

"나 이러다 근 손실 오는 거 아니야?"

이런 이야기를 들으면 항상 이렇게 얘기한다.

"아니요. 아닙니다. 뭘 부수는 것도 에너지가 드는 일이에요. 몸은 힘들게 만들어 놓은 것을 구태여 부수지 않습니다." 하지만 이 소란이 잦아들 생각이 없어 보인다. 진짜 울면 근육이 없어져 버리는 걸까? 운동을 하지 않으면 근육이 다 빠져버릴까? 그래서 근육이 진짜 진짜 많이 빠지면 자전거 타는 법을 잊어버릴까?

일례로 발목을 삐었다고 생각해 보자. 병원에 갔더니 발목 인대가 늘어났다고 하며 4주는 깁스를 해야한다고 한다. 4주가 지났다. 움직임이 제한되었던 종아리는 다치지 않은 쪽에 비해 유난히 작아졌다. 그럼 이렇게 생각한다. '내 근육 다 도망간 거 아니야……?'

근육은 다 어디로 갔을까? 몸은 최선의 효율을 위해 사용하는 근육을 켜고, 사용하지 않는 근육을 끈다. 우리가 꽤 굶은 상태에서도 눈을 움직일 수 있고, 생각할 수 있고, 손가락을 움직일 수 있는 이유다. 우리가 의식으로 근육의 활성과 비활성을 조절해야 했다면 이미 근육을 켜고 끄다 사고가 멈춰 버렸을 것이다. 지금 타이핑하는 순간만 해도 최소 50개의 근육이 움직이고 있는데 이 근육을 어떤 타이밍에 켜고 끌 것인지를 생각해야 한다면? 벌써 머리에 쥐가 난다. 이 복잡한 계산을 뇌가 알아서 해 준다는 게 얼마나 천만다행인지 모른다. 깁스 안에 있던 발은 대체로 스위치가 꺼져 있다.

이 사람의 몸을 한 개의 건물이라고 생각하면, 현재 가장 꼭대기 층의 불이 꺼져 있는 상태이다. 그래서 멀리서 밤에 보면 불이 켜진 자리만 건물로 인식해서 한 층이 낮아 보이는 것이다. 건물이 부서진 것은 아니다.

근육의 대부분은 물이고, 그래서 '울면 근 손실이 일어난다.' 같은 말이 생긴 것이겠지만, 사실 근육의 기능을 평가하는 기준은 근육의 절대적인 크기보다 근 신경계가 얼마나 조밀하게 배치되어 있는가이다. 다시 건물 비유로 돌아가면 이 건물의 수도와 가스 배관이 어떻게 구성되어 있는가가 근 신경계의 기능과 닮았다. 콘크리트로만 된 큰 건물은 별로 쓸모가 없다. 전기도 없고, 물도 안 나오는 빈 구조물일 뿐이다.

이러한 배관과 유사한 신경의 배선은 90%는 선천적으로, 그리고 유년기의 운동 경험으로 결정된다. 남은 10%를 우리가 새로 공사할 수 있다. 그러니까 처음부터 어떤 사람은 5층짜리 건물을 가지고 있고, 어떤 이는 단층의 건물을 가진다. 또 어떤 사람은 본래 가진 것이

4층이었는데 거기에 한계까지 쌓아 올려 5층을 만들기도 한다. 건물은 높을수록 좋은 거냐고 물어본다면 사실 그런 것은 아니다. 5층의 건물은 지반에 따라서 취약성이 높아지고 위험할 수도 있다. 건물 관리와 보수에만도 너무 큰 비용이 든다. 다만 누군가는 그 비용을 지불하고서라도 높은 건물로 보이길 원하는 것뿐이다.

다시 우리의 발목 부상자로 돌아가자. 이 사람은 그래서 언제 종아리가 빵빵해질까? 훈련을 통해서 대칭을 맞춰야 하는 걸까? 그렇지는 않다. 부상의 회복 시기에 맞게 점진적으로 운동 강도를 늘려 가면 자연히 원래대로 회복될 것이다. 건물의 통행량이 많아지고, 꼭대기 층도 운영이 잘 되면 불이 켜질 것이기 때문에 사용량에 따라서 다시 본래의 건물 크기로 보일 것이다. 오랫동안 사용하지 않아서 조금은 삐걱거리는 배관들이 있을지도 모르겠다. 하지만 흐름이 충분하면 이 배관도 다시 기능을 할 것이다. 혹 노후한 배관이 있다면 교체할 수도 있을 것이다. 모든 배관을 다 부수고 다시 짓는 것은 불가능하다. 부수는 것도 비용이기 때문이다.

만성 통증이 있는 사람은 저택에 살면서도 방 한 칸 안에서 산다. 저택에 사는 통증 환자는 문을 열고 나가면 무시무시하게 무서운 무언가가 있다고 생각하는 경우가 많다. 그래서 문을 닫는다.(움직임의 범위를 줄인다.) 문을 열고 나가면 통증이 있기 때문에 통증과 마주치지 않는 방법을 선택한다. 이 사람은 엄청난 근 손실이 와서 근육이 다 없어져 버린 걸까? 사실 이 사람도 발목 부상자와 마찬가지로 건물은 온전하다. 배관도 온전할 것이다. 다만 방 한 칸만큼 움직이는 방법으로 스스로를 보호하고 있을 뿐이다. 과거에 통증에 대처했던 습관이 현재도 남아서 나를 보호하는 것이다.

여기서 트레이너가 할 수 있는 것은, 그 당시에는 문을 닫는 것이 효과적인 통증 대응책이었지만, 이제는 문밖의 통증이 없어졌다는 것을 문을 조금씩 열어 가면서 알려 주는 것이다. 물론 손상 직후엔 제한이 필요하다.(문을 닫을 필요가 있다.) 그리고 회복이 일어나면 다시 제한을 풀어 가며 움직임을 만든다.(문을 열고 다른 방도 돌아다니고, 정원에도 가 보고 할 수 있다.) 그런데 통증에 대한 기억이 너무 선명하고 두렵다면 방 한 칸에 남아 있는 것을 선택하게 된다. 문을 열고 나가면 통증이 있다는 확신이 있기 때문이다. 이 확신이 현재에는 적절한 대응책이 아니며, 더 좋은 방법들이 있다는 걸 함께 알아갈 수 있다. 그렇게 문을 열고 집 안 곳곳을 돌아다니고 마당에도 나가다 보면 그 사람은 방 한 칸에만 머물지 않는다.

이런 경우도 있다. 어떤 사람은 왜인지 정문을 두고 후문으로만 다닌다. 길을 한참 돌아가야 하는 방법인데도 계속 그 길로 다닌다. 그는 정문으로 다니는 사람에 비해서 더 많은 거리를 움직여야 하므로 상대적으로 더 많이 피로해질 것이다. 이 사람의 운동량을 늘려 버리면, 가뜩이나 후문으로 다니는데 중량을 들고 후문으로 다니게 하는 꼴이 된다. 이런 이에게는 중량을 들게 하는 것보다는 후문이 아닌 정문으로 다니는 방법을 알려 주는 게 먼저다. 최선의 효율을 만드는 경로를 학습하면 신체의 전반적인 피로가 줄어든다. 그러고 나서 더 어렵고 무거운 운동을 하는 것이 안전하고 빠르다.

정문을 두고 후문으로 다니는 예로는 거북목이 있다. 머리가 모니터를 향해 갈수록 가슴(폐)에서 머리(뇌)로 이어지는 길이 휘어진다. 이 길을 조금이라도 평평하게 만들려면 턱을 들어 공간을 만들게 된다. 척추가 잘 세워져 있다면 고속도로였을 텐데 머리가 앞으로 나가면서 구불거리는 국도가 되었다. 호흡은 하루에 만 번 넘게 하는 운동이고, 이 운동을 계속 비효율적인 경로로 한다면, 효율적인 경로로 다니는 사람에 비해 빨리 지칠 수밖에 없을 것이다.

이런 일들은 모두 인간의 신경계가 가소성을 가지고 적응하고 변화하기 때문에 발생한다. 비효율적인 방식의 움직임이 몸에 쌓여 있다고 해도, 좋은 움직임을 만들면 우리는 좋은 움직임에 적응한다. 의도를 가지고 움직임을 쌓아간다면 우리는 개발도상국에서 선진국으로 발전할 수 있다. 그리고 운다고 큰 손실은 오지 않는다.

완벽한 단 하나의 목표

'운동한다'는 뜻의 영단어 exercise. 이 단어의 어원은 '제어를 없앤다'라는 뜻을 가지고 있다. 어원으로 알 수 있다. 나를 더 자유롭게 하는 활동은 무엇이든 운동이 될 수 있다. 운동은 다양한 환경에서 즐거운 마음으로 지낼 수 있도록, 다룰 수 있는 움직임의 범위가 넓어질 수 있도록, 그래서 더 자유롭게 움직일 수 있도록 돕는 일을 말한다. 누구에게나 통용되는 절대적인 목표를 달성하는 일보다, 나에게 필요한 만큼의 자유를 얻는 일에 더 가깝다. 운동에 완벽한 하나의 목표가 있다면 당신이 자유로워지는 일이다. 아래의 문제를 보며 이를 생각해 보자.

문제)
다음 보기를 보고 정상인 사람을 골라 보자.

A. 발 사이즈가 대충 245 정도 되길래 240~250의 신발을 신고 다니는 사람
B. 발 사이즈를 정확히 알고 싶어서 발 사이즈에 맞는 신발을 사기만 하는 사람

ㄱ. 생리 주기가 28일인 사람
ㄴ. 생리 주기가 35일인 사람

해설)
A는 240~250 사이즈의 신발을 신고서 많은 산을 오르고 많은 바다를 건넜다. 그가 어떤 사이즈의 신발을 신었든, 자유롭게 다녔다는 것이 중요하다.

신발은 움직임을 위한 도구이므로 움직이는데 불편하지 않은 신발은 정상이다. 240의 발로 250의 신발을 신고 다녔다고 해도, 그는 움직였으므로 수많은 경험을 할 수 있었다. 사실 그의 발은 정확히는 240.2일 수도 249.1일 수도 있을 것이다. 아주 정확하지 않더라도, 움직일 수 있게 도왔다면 신발은 신발로써의 기능을 다 한 것이라고 볼 수 있다. 그러니 A는 정상이다. 우리는 신발의 정확성과 별개로 자유롭게 움직일 수 있다.

ㄱ과 ㄴ의 경우를 보면, 실제로는 28일의 생리 주기를 가진 여성이 15% 정도 된다고 한다. 그러니까 아주 정확한 주기로 생리를 하는 사람은 열 명 중에 채 두 명이 되지 않는다. 대부분은 불규칙한 주기로 생리를 한다. 모두 각자의 리듬과 컨디션에 맞춰 생리를 '한다.' 생리가 멈춘 것이 아니라 생리 중이라면 인체가 호르몬의 변화를 적응적으로 겪고 있다는 뜻이다. 주기의 규칙성보다는 월경의 여부가 중요하고, 불규칙적이어도 무월경이 아니라면, 적응적

인 범주로 볼 수 있다.

그러니까 딱 맞는 신발을 사느라 정작 마음껏 걷지 못했던 B를 제외하고는 모두 정상이다.

더 많은 매체에서, 더 많은 사람이 자꾸만 더 정확하게 움직여야 한다고 겁을 준다. 이미 당신은 거북목이고 굽은 등이니 다치지 않으려면 정확하고 알맞게 운동해야 한다고(잘 맞는 신발을 신어야 한다고) 이야기한다. 나는 당신의 목표가 완벽하게 몸과 일치하는 운동을 하는 것인지(소수점 한 자리까지 딱 맞는 신발 사이즈를 찾는 것인지) 묻고 싶다. 당신이 몸에 딱 맞는 운동과 신발을 찾는 데 들이는 노력은 당신이 자유롭기 위함이므로, 자유로울 수 있다면 그것이 정상이다. 어떤 불안이 당신을 멈춰 있게 한다면 그것이 비정상이다.

세상에는 불안이 넘치고, 불안을 파는 사람은 더 많다. 그럼에도 좋은 운동을 가늠하는 방법은 어렵지 않다. 내가 움직일 수 있도록 돕느냐, 멈춰 있도록 주저앉히느냐, 이것이 전부다. 당신이 한 걸음을 더 뗄 수 있다면 그

것은 좋은 운동이다. 당신에게 맞는 운동이고, 정상인 일이다. 얼마나 정확한지는 중요하지 않다. 수많은 비정상 속에서 정상을 선택한 것임으로 안심해도 된다. 움직일 수 있도록 돕는 방법을 찾는 것이면 충분하다. 그게 240이든, 250이든, 28일의 주기이든 35일의 주기이든.

더 나은 삶을 위한 운동 3

돕기

어떻게 해도 기분이 나아지지 않는 날이 있어요. 그런 날에는 에너지가 하나도 남아 있지 않아 앉거나 누워 있기 쉽지요. 하지만 그럴 때일수록 집 안에 있기보다는 무작정 밖으로 나가 걸어 보세요. 걷기만 해도 좋지만, 함께 하면 더 좋은 일이 있습니다. 바로 사람들을 돕는 거예요. 버스 정류장과 지하철 계단에는 큰 짐을 옮기는 어르신들이 많지요. 그럴 때 주저하지 말고 '혹시 도와드려도 될까요?'라고 묻고, 씩씩하게 짐을 옮겨 드려 봅시다. 헬스장에 가지 않아도 중량을 들 수 있는 일이에요. 타인을 돕는 감각은 언제나 좋은 기분을 만들어 줍니다.

그러고는 조금 나아진 기분으로 스스로를 돌봐 주세요. 따뜻한 물에 샤워를 해도 좋고, 가볍게 스트레칭을 해도 좋고요. 좋아하는 영화를 보거나, 재미있는 예능을 보는 것도 좋습니다. 우리는 타인을 도우며, 자신도 도울 수 있어요.

우리는 서로 가르치고 배우지

트레이너가 말하는 몸과 생활

3장

체대생과 트레이너

"체대세요?"

"네, 체대 다녀요."

"우와, 무슨 운동 하세요?"

"어…… 입시 때는 배구를 했는데 지금은 이것저것 하는 것 같습니다."

"저 살 빼야 하는데 …… 운동 어떻게 해요?"

대학생 때, 타과생을 만나면 보통 대화는 이런 흐름으로 흘러갔다. 대뜸 체대생이니까 운동을 알려 달라는 사람들이 많은 걸로 봐서 사람들은 체육 대학에 다니면 하루 종일 운동을 한다고 생각하는 것 같다. 사실 운동을 매일 하는 것처럼 보이는 체대생은 운동 동아리를 하고 있을 확률이 높다. 이 동아리들은 학교 대표로 다른 학교들과 시합을 하기 때문에 거의 매일 훈련한다. 그래서 대체로 머리는 젖어있고, 얼굴은 빨갛거나 검다. 그리고 군기가 바짝 잡혀있다. 이런 동아리를 하지 않는 학생이라면 대학 생활은 타과생과 별반 다를 것이 없다. 체대생이 4년 동안 대학교에서 배우는 것은 실기보다 필기가 훨씬 많다. 교양으로 운동 수업을 자주 듣는 학생이라면 체대생만큼 운동하며 살 수 있을 정도이다. 실기는 졸업에 필요한 학점 중에 채 10%도 되지 않는다. 그리고 실기는 경쟁률이 높아서 일단 수강 신청에 성공하면 어떤 과목이든 간에 '감사합니다.' 하고 듣는 경우가 대부분이다. 하고 싶은 실기 과목만 들었으면 구기 위주로 수업을 들었을 것 같은데 똥손 덕분에 에어로빅 수업도 듣고 댄스스포츠도 들으면서 리드미컬하게 학기를 보내는 경우가 많았다.

  종류가 많지 않은 실기 과목에 비해 체대의 필기 과

목은 체육학 개론부터 시작해서 스포츠 철학, 스포츠 사회학, 운동 생리학, 스포츠 심리학, 운동 역학, 스포츠 의학 등 4년 동안 배울 내용이 차고 넘칠 만큼 다양하다. 놀라운 건 이 과목을 다 듣는다고 운동을 가르칠 수 있는 사람이 되지는 않는다는 것이다. 4년 내내 트레이너를 준비하면서 관련된 과목만 들었다고 해도 바로 트레이너로 일하는 것은 어렵다. 몸은 우리 생각보다 훨씬 복잡하기 때문이다. 책에서 배운 것만으로는 나와 함께 운동하는 사람의 몸을 온전히 이해할 수 없다. '스쿼트의 정석'은 책에서 배울 수 있지만, 나에게 맞는 스쿼트를 알아 가는 건 시간을 들여 수많은 시행착오를 겪어야만 알 수 있다. 그리고 남에게 맞는 스쿼트를 알려 주는 것은 나에게 맞는 스쿼트를 찾는 것보다 곱절의 시간이 필요하다.

체대라는 이유로 일개 학부생인 나에게 사람들이 자꾸만 운동에 관해 물어봤다. 나는 올림픽의 기원에 대해서 배우고 있는데 '살 빼려면 어떻게 해야 해?' '유산소 운동이 좋아? 근력 운동이 좋아?'와 같은 각양각색 다채로운 질문들이 이어졌다. 체대생은 맞지만 트레이닝에 대해서는 아무것도 몰랐다. 내가 대학에 와서 배운 것으로는 그들에게 대답해 줄 수 없었다. 나는 타이틀 나인*에 대해서 배우고 있는데 스쿼트를 알려 달라고 하면 무슨 말을 할 수 있겠는가.

"스쿼트는 쪼그려 앉는다는 뜻이니까…… 가슴을 펴고 천천히 쪼그려 앉아 봐!"
"가슴을 어떻게 펴는데?"
그러게……. 가슴을 어떻게 펴는 걸까.
몰라서 대답할 수 없는 경험들이 쌓여 갔다. 못하는 경험도 자꾸만 쌓였다. 그래도 체대생인데 운동 하나 못 가르친다는 것이 속상해지기 시작했다. 뭘 못하는

---

* title 9. 1972년, 스포츠 현장에서 성차별을 해소하기 위해 미국에서 통과된 남녀교육 평등법안

것도 싫은데 그게 전공이라니. 자존심이 상했다. 그 이후로 이론에 국한된 과목보다는 실기 위주인 과목을 찾아 들었다. 봉사 활동과 과제도 실기가 조금이라도 포함된 과목을 들으려 했다. 과정이 쌓이면서 이해가 안 되었던 것들이 이해 가기 시작했고, 내가 어떻게 동작을 하는 건지 나눠서 설명할 수 있게 되었다. 서울대 학생이 과외를 하면 학생이 이해 못 하는 이유를 이해할 수가 없어서 좋은 선생님이 되지 못한다는 말이 있지 않은가. 내가 움직이는 방식은 대체로 보고 흉내를 내는 것이었고 이 과정에 턱이라고 느껴질 만한 것이 없었기 때문에 동작을 따라 할 수 없는 사람이 왜 따라 할 수 없는지를 이해하지 못했다. 예를 들면 내가 스쿼트를 할 때는 이런 식이었다.

코치님: 가슴 펴!
나: (가슴 펴고 좋은 자세로 스쿼트 함)

이렇게 처음부터 좋은 자세로 하다 보니 배운 것도

없고 가르칠 수 있는 것도 없다. 왜 되는지도 모르고 그래서 왜 안 되는지도 몰랐다. 공부를 하다 보니 내가 어떻게 움직일 수 있었는지를 쪼개서 알 수 있었다. 안전하게 지지해 주는 근육과 움직임이 나와야 하는 근육을 구분할 수 있게 되었다. 또 몸을 바라보는 초점을 맞추는 일이 쉬워졌다. 전신이 한 번에 움직이며 큰 힘을 내야 하는 동작은 멀리서 보고, 개별 관절의 쓰임이 중요한 동작은 가까이서 볼 수 있게 되었다. 시야를 넓혔다 좁히며, 초점을 조절하는 방법을 익히니 그제야 어떻게 운동을 설명하는 것이 좋을지 가늠이 되었다.

모든 것이 엉망인 사람은 없다. 고장 난 부분이 있어서 그에 영향을 받아 전체 동작이 어색하고 뭔가 잘못된 것 같은 기분이 들 뿐이다. 그 부분을 찾을 수 있게 되니 전체 동작으로 나아가는 과정을 설명하기가 쉬워졌다.

"머리는 거인이 잡아당긴다고 생각하고, 젖꼭지로 레이저를 쏜다고 생각해 봐. 그리고 무릎이랑 엉덩이를 같이 접으면서 천천히 쪼그려 앉는 거야."

"앉을 때 무릎이 먼저 마중 나가려고 하니까 고관절을 먼저 접는다고 생각해 보자. 엉덩이로 무거운 걸 민다고 생각하고 밀면서 앉고, 일어날 때는 다시 거인이 머리를 잡아 뽑는다고 생각하면서 뒤로 갔던 엉덩이를 제자리로 가져오자."

"지금보다 발을 조금 더 넓게 두면 앉을 때 발목이 덜 불편할 거야. 발끝은 살짝만 바깥쪽 보게 두자. 11시와 1시 정도로."

몸에 대해서 알아 가는 과정은 생전 처음 와 본 동네에서 문을 하나씩 두드리며 사람들과 인사를 하는 것과 같다. 친절하게 인사해 주는 집도 있고, 안에 사람이 있는 건지 알 수 없을 정도로 반응이 없는 집도 있다. 막막한 마음으로 다음 날에 문을 한 번 더 두드려 보면 고개만 빼꼼 내민 사람이 보이고 매일매일 이 과정을 반복하다 보면 환대는 아니어도 인사는 나눌 수 있는 사이가 된다. 그렇게 마을의 일원이 되어 간다. 각자의 몸은 각자의 마을을 가지고 있다. 본인도 모르는 그의 마을을 둘러보는 일은 트레이너라는 직업만의 즐거움이 아닐까. 생각보다 더 재밌었다. 사람들이 건강해지는 것을 보는 것이 좋았다. "이제 허리 안 아파서 너무 좋아." "하다 보니까 좀 할 만하더라?" 같은 말을 들으면 뿌듯했다.

  주변 사람들을 가르치다 보니 이미 자격증도 있겠다, 이렇게 열심히 할 거면 돈이라도 벌자 싶었다. 그렇게 자연스럽게 트레이너가 되었다. 트레이너가 될 생각은 없었는데 사람들의 몸에 관심을 갖고, 그들에게 운동을 가르치는 일을 즐기며 하다 보니 어느새 트레이너로 살고 있었다. 지금까지도 그렇게 살고 있다. 가르치고 배우며.

책을
많이 읽네요?

"트레이너님은 책을 참 많이 읽으시네요."

"책을 많이 읽네요?"

보통은 전자처럼 이야기하고, 가끔 후자처럼 묻는 사람들이 있다. 당최 트레이너가 왜 책을 많이 읽는지 모르겠다는 눈치다. 구태여 설명하거나 하지는 않지만 궁금하기는 하다. "책을 안 읽으면서 공부하는 방법이 있나요?"

평소에 유튜브는 거의 보지 않는다. 가끔 외국 운동

유튜버들의 운동 영상을 참고할 때가 있는데 정말 가끔이다. 한 달에 한 번 될까 말까 한다. 줌 강의처럼 어쩔 수 없이 영상으로 공부해야 하는 경우에는 강의를 정리해서 받아 적고 그 노트를 보면서 공부한다. 그래서 영상도 다시 활자가 된다. 어차피 적어야 하므로 바로 글로 공부하는 것을 더 선호한다. 영상은 한 문장을 찾기 위해서 너무 많은 시간을 허비하게 된다. '그래도 4차 산업혁명 시대를 살아가는 사람인데 언젠가는 유튜브와 친해져야 하지 않을까?'라고 생각하기는 한다. 하지만 언젠가의 내가 영상이 더 편해질까 생각해 보면, 잘 모르겠다.

언제부터였는지 정확하진 않지만, 아주 어렸을 때부터 글을 좋아했다. 왜인지 책이 많은 공간은 쉬는 공간이라고 느껴졌다. 가족이 모두 함께 누워 자던 작은 집에 살 때도 한쪽에는 책장 가득 위인전과 동화책이 있었다. 2단쯤 되는 작은 책꽂이였는데 그때는 나도 작아서 책장이 나보다 더 컸다. 키가 크고 책장이 작아질 때쯤에 입학을 했다. 학교 도서관의 책장은 나보다 훨씬 더 컸다. 학교가 커질수록 도서관도 커졌다. 도서관에는 언제나 내 키보다 큰 책장이 있었고 그 사이에서는 숨이 잘 쉬어졌다.

  학생 때도 그랬다. 시험이 끝나면 걸어서 서점에 갔다. 한 시간 거리에 있는 광화문 교보문고에 가서 한참 동안 책을 읽었다. 한창 입시 중일 때 발목을 다쳤었는데 목발을 짚고서도 광화문으로 갔다. 서점 안을 정처 없이 걷다가 《운동 심리학》*이라는 책 앞에 섰다. 잘 가지 않는 방향이었는데 그날은 마음이 그랬다. 그리고 그 자리에 닻을 내리고 한 권을 다 읽었다. 이 책은 스포츠 심리학이라는 응용심리학의 한 분야에 대한 개론을 설명하고, 스포츠 심리학의 하위 분과인 운동 심리학에 대한 이론을 정리해 둔 책이었다. 대학교에서 교과서로 쓰는 책이어서 그림도 하나 없고 줄글만 가득한 책이었는데, 우뚝 서서는 책을 다 읽었다. 운동 심리

---

* 김병준, 무지개사

학을 전공해야겠다고 생각했다. 그리고 실제로 운동 심리학을 배울 수 있는 대학에 진학해서 학부를 졸업하고 석사 학위를 받았다. 서점에서 헤매다 진로를 정한 셈이다. 이때부터 중요한 결정을 해야 하면 우선 서점에 간다. 책을 읽는다. 사실 중요한 결정을 하지 않더라도 책은 왕창 읽는다. 마음이 힘들어도, 마음이 평화로워도 책으로 내달린다. 그래서 나빴던 적은 지금까지는 없는 것 같다.

책을 좋아하다 보니 책과 관련된 루틴들이 쌓였다. 대학생이 되어 하게 된 첫 번째 루틴은 도서관에 가는 것이었다. 도서관에서 자주 가는 5층 600번대 서가 위치는 다음과 같다. 도서관 입구에서 출입증을 찍고 추천 도서를 지나 오른쪽으로 돈다. 5층까지 계단을 올라간다. 그리고 오른쪽으로 돌아 쭉 들어가면 왼쪽에 600번대 도서가 나온다. 글을 쓰면서 문득 사람이 없을 만도 하다는 생각이 들었다. 도서관도 높은데 도서관 올라가자마자 5층까지 올라가야 한다니…… 가혹하기 짝이 없다. 학교에 다니는 동안은 이것에 대해 별생각이 없었다. 그냥 별생각 없이 매일 도서관에 가는 사람이었다. 그래서 학점이 아주 좋았냐 하면 또 그건 아니었다. 수업 듣는 과목 공부를 한 건 아니고 그냥 하고 싶은 공부를 했다. 원래 해야 하는 일이 있을 때 하고 싶은 일을 하는 것만큼 즐거운 게 없지. 대학 때는 해 뜰 때까지 술을 먹고도 강의 시작 전에는 도서관에 갔다. 체육학 관련 도서가 있는 5층 600번대 서가는 언제나 아무도 없다. 쉬기에도 숨기에도 완벽한 장소다. 사는 게 버거울수록 도서관에 자주 가고, 책장 사이에서 숨 쉬며 문단 사이에 머물렀다.

대학과 대학원을 졸업하고도 교직원으로 대학교에 있는 센터에서 일했기 때문에 학교 도서관을 쓸 수 있었다. 지금도 졸업생 신분으로 대학교 도서관을 쓸 수 있다. 자랑을 하나 하자면 2020년 한 해 동안 231권의 책을 빌려서 대여수 상위 0.1%에 들었다.(코로나로 센터가 문을 닫아서 일이 없었다.) 물론 대여한 모든 책을 다 읽은 건 아니다. 필요한 부분만 읽은 책도 있고, 참고만 한 책도 있다.

　책을 몇 권 읽었는지는 따로 기록하지 않지만, 맘에 드는 책은 필사가 남아 있어서 책을 얼마나 읽었는지 가늠할 수 있다. 필사를 보면, 2021년에는 14개, 2022년에는 37개, 2023년에는 61개의 기록이 있다. 필사하지 않는 책도 많기 때문에 기록된 필사보다 대충 두 배를 읽었을 것이다. 1년에 100권의 책을 읽는 것은 생각보다 어렵지 않다. 어려운 것은 매년 100권의 책이 늘어도 괜찮은 부동산을 갖는 것이다.

　독립서점에 가는 것도 하나의 루틴이다. 독립서점이 어느 지역에든 참 많아졌다. 웬만한 관광지에는 지역을 소개하고, 책방지기의 관점으로 큐레이션 한 책을 소개하는 독립서점이 있다. 가능하면 국내 여행을 갈 때는 여행지의 독립서점에 들러 책을 사려고 한다. 그리고 여행지에서 다 읽고 숙소에 두고 온다. 책을 두고 가도 되냐고 주인 분께 말씀드리면 대체로 공용 공간에 두어 달라고 한다. 어쩌면 냄비 받침이 될지도 모르겠지만, 그래도 더 많은 사람에게 책이 닿을 거란 기대를 하면서 책을 사고, 그리고 두고 온다.

또 하나는 최근에 만든 루틴인데 밤 10시부터는 가능한 전자책을 읽는다. 퇴근하면 놀고 싶어서 늦게까지 넷플릭스를 보곤 했는데, 영상은 조도가 높고 자극적이어서 그런지 자는 시간이 점점 늦어진다. 적당한 조도로 할 수 있는 일을 찾다 보니 종이책보다는 전자책이 낫겠다 싶었다. 그래서 시작했고 때때로 넷플릭스에 지고 있지만 그래도 한 달에 두세 권은 읽고 있다. 전자책은 하이라이트 기능을 써서 필사를 대신한다. 가능한 자극적이지 않고 순한 책을 읽으려고 하는데 그렇게 찾다 보면 지적 허영심을 채워 줄 수 있는 책을 고르게 된다. 미학이나 고고학, 역사, 철학 분야의 책을 읽다 보면 잠이 솔솔 잘 온다.

누가 시키지도 않았는데 책장 사이에 숨었던 것을 보면 나는 책을 좋아하는 사람일 것이다. 책보다 더 효율적으로 배울 수 있는 매체가 생긴다고 해도, 책을 좋아하므로 책 사이에 숨을 것이다. 누가 "책을 많이 읽으시네요?"라고 물어본다면, 이렇게 대답하겠다.

"네, 책 사이에서는 숨이 잘 쉬어져서요."

쉽지 않은 일

트레이너로 일하면서 참 많은 사람과 운동을 했다. 그러면서 어려운 케이스도 참 많았다. 하지만 단언컨대 운동시키기 가장 어려운 사람은 가족이다.

엄마는 아빠보다 연상이다. 그 당시에는 여자가 남자보다 더 나이가 많은 것이 용납되지 않았다. 할머니는 강경하게 결혼을 반대했다. 그렇게 엄마랑 아빠는 연애만 9년을 했다. 할머니는 그래도 허락을 하지 않았는데 아빠는 엄마를 참 많이 사랑했고 다행히(?) 내가 생겨서 부모님은 결혼했다. 부모님의 긴 연애만큼이나 나는 늦

둥이다. 부모님은 내 동년배 친구들의 부모님보다 나이가 더 많고 계속 늙고 있다.

아빠는 젊었을 때 엄청나게 큰 자전거(바퀴가 거의 2층 높이, 어떻게 탄 건지 알 수 없음)를 타고, 엄청 시끄러운 소리를 낼 것 같은 산악용 오토바이를 타고, 할머니가 하지 말라는 건 다 하고 다닌 사람이었는데 그래서인지 손가락이 하나 없고, 발목에는 철심이 박혀 있다. 동생은 마르고 힘이 없다. 체력이 있었으면 좋겠다는 말을 달고 산다. 그리고 장수하는 것이 꿈이라고 한다. 영문을 모를 노릇이다. 아빠는 그래도 가정용 자전거도 사고 혼자 사부작거리면서 운동을 한다. 운동보다는 장비 사는 것을 더 좋아하는 것 같긴 하지만, 그래도 엄마보다는 운동에 관심이 있는 편이다. 엄마는 골다공증이 꽤 심하다. 골다공증은 뼈에 구멍이 송송 나는 것인데 그렇기 때문에 골다공증이 없는 사람보다 골절이 발생할 확률이 매우 높다. 그리고 엄마는 실제로 빈번하게 골절상을 입는다. 가끔 동생이 전화하면 '또 응급실인가.' 하는 생각이 들어서 심장이 빨리 뛴다. 그래서인지 엄마는 운동보다는 한의원과 마사지를 좋아한다. 그나마 걷는 것을 좋아하는 편이어서 이건 참 다행이지 싶다. 엄마는 운동을 배워야 하는 것으로 생각하지 않고, 그래서 트레이너도 뭘 하는 사람인지 잘 모르는 것 같다. 엄마는 줄곧 선생님이 최고의 직업이라며 나에게 체육 선생님을 하라고 한다. 이 말은 트레이너로 일한 지 10년을 꽉 채워 가고 있는 지금까지도 종종 듣는다.

운동을 멀리하는 엄마와 동생을 운동시키려고 본가 근처의 헬스장에 가서 머신으로 할 수 있는 쉬운 동작을 알려 주기도 하고, 집에서 도구 없이 할 수 있는 운동도 알려 줘 봤다. 운동이 어렵지 않았으면 해서, 가볍고 충분히 성공할 수 있는 동작들이지만 엄마에게 도움이 될 만한 것으로 엄선해서 말이다. 하지만 하지 않는다. 내 전문성이 충분하지 않아서, 내가 미덥지 않아서 안 하는 걸까 싶어 수소문해서 엄마가 해야 하는 운동을 잘 알려 줄 수 있는 트레이너를 찾아서 결제까지 해 줬다. 그래도 안 한다. 함께 운동하는 중년의 선생님들에게 "어떻게 운동을 꾸준히 하시게 되셨어요?"라고 물어보면 다들 재밌어서 한다고 하는데 엄마는 재미가 없는 것 같다. 어떻게 엄마의 재미를 찾아 줄 수 있을까.

수년간 실패만 하다가 최근에 엄마랑 동생이랑 꽤 꾸준히 운동하고 있다. 동생과 엄마에게 모두 득이 될 만한 상황을 만든 덕이다.

"택시비 줄게. 엄마랑 같이 택시 타고 센터 와."
"응."

첫날은 부드럽게 성공했다. 엄마도 내가 뭐 하고 사는지 궁금했던 모양이었다. 센터 구석구석 구경하더니 대뜸 "엄마가 가끔 와서 청소해 줄까?" 하길래 동생이랑 같이 야유했다. 엄마는 무슨 여기까지 와서 청소 걱정을 할까. 그리고 나서 엄마는 정수기에 시선을 빼앗겼다. 은은하게 광택이 도는 차콜색의 정수기다. 고심해서 고른 보람이 있었다. 엄마가 정수기만 보고 있길래 "엄마 그거 얼음도 나와." 했다.

엄마가 정수기를 계속 쓰다듬으면서 "이런 거는 얼마

나 해?" 하길래 "그거 5년 동안 필터 관리까지 해서 거의 200만 원쯤 했어." 했다.

"그래? 괜찮네."

"엄마 그거 사 줄까? 내가 내년에 전자책 인세 들어오면 사 줄게. 1월에 들어와."

그리고 이틀 후에 두 번째 세션을 진행하기로 약속했다.

두 번째 세션은 당일 취소되었다.

"언니, 엄마가 오늘 안 간대. 오늘 도수치료 받으러 간내."

역시 쉬울 리 없다. 내가 움직이는 것보다 남이 나를 움직여 주는 게 편하지. 안 간다는 엄마를 설득하는 동생도 고생일 것이다.

"응, 알았어. 다음번에 오면 택시비 빼고 용돈으로 5만 원 줄게."

"응!"

다음번에 동생과 엄마가 같이 왔다.

"언니, 엄마가 운동하고 다리 아파서 오늘 운동 안 하고 싶대."

"다리 후들거려서 혼났어."

"처음 한 달은 근육통 있을 거야 엄마. 그래도 와야 해. 오면 내가 풀어 줄게. 응?"

"응."

엄마는 몸을 한참 풀고 아주 가볍게 운동하고 돌아갔다.

세 번째 세션도 당일 취소되었다.

"언니, 엄마가 오늘 마사지 받으러 가서 운동 안 간대."

도수치료에도 밀리고, 마사지에도 밀렸다. 엄마가 한 번만 더 수업을 미루면 앞으로 오지 않을 게 눈에 훤했다.

"응, 내가 엄마한테 전화할게. 고마워."

엄마에게 전화를 걸었다.

"엄마, 엄마 열 번 오면 정수기 바로 사 줄게."
"열 번은 할 수 있지."
"그럼, 그럼. 할 수 있지."

동생은 운동하러 가서 근육도 얻고 돈도 얻는다. 엄마는 건강도 얻고 정수기도 얻는다. 나는, 나는…… 마음 편하게 자겠지. 그거면 충분하다. 과연 엄마는 정수기를 받을 수 있을까.*

---

* 엄마는 한 주도 쉬지 않고 왔다. 본가에는 멋진 차콜색 정수기가 생겼다. 계단 내려가는 걸 힘들어하던 엄마는 뭔가를 잡지 않고도 계단을 내려가게 되었다. 세 시간의 등산도 가능해졌다. 엄마와 동생은 일주일에 한 번은 운동을 나오겠다고 했다. 엄마가 2박 3일의 트레킹 코스를 다니게 되면 이 프로젝트를 종료할 예정이다.

더 나은 삶을 위한 식사 1

천천히 먹기

음식을 먹을 때 혈당을 천천히 올리는 가장 쉬운 방법을 알려드릴게요. 바로 충분히 오래 씹는 것이에요. 이 방법은 음식이 소화 효소와 만나는 시간을 늘려 주고, 포만감을 느끼는 호르몬이 넉넉히 나올 수 있도록 도와줘요. 음식이 입에 있는 동안 형태를 가늠할 수 없을 때까지 저작 운동을 해 주세요. 섬유질이 풍부한 음식을 먹는 것도 좋아요. 이러한 음식을 먹으면 자연스럽게 저작 시간이 길어져 음식을 천천히 먹는 데에도 도움이 되지요.

처음은 열 번 씹고 삼키기를 목표로 해 봐요. 그리고 천천히 숫자를 늘려 가 보세요. 숫자를 세는 것이 되레 방해가 될 만큼 숫자가 커졌다면, 목표를 바꿔 봐요. 음식의 질감이 느껴지지 않을 만큼으로요. 이렇게 하면 또 다른 장점이 생겨요. 음식을 충분히 오래 씹을수록 신선식품과 가공식품의 맛의 차이가 선명하게 느껴져서, 가공식품 섭취를 줄이고 싶으신 분들에게도 도움이 될 거예요.

번역

사람 안으로 성큼성큼 들어가려면 통역 따위의 번거로움은 없어야 한다. 사랑도 마찬가지.*

십 년 전쯤에 읽었던 책의 문장인데 아직도 기억난다. 막 이 문장을 만났을 때는 '맞아! 그래서 그렇게 우리가

* **이병률, 《바람이 분다 당신이 좋다》, 달, #31 그 나라 말을 못해서**

다른 소리를 하고 있었구나!' 같은 생각을 했던 것 같다. 인생의 실마리를 찾은 기분이었달까. 분명 너와 나는 같은 것을 이야기하고 있다고 생각했는데 어쩌다 다른 결론을 냈던 건지, 괜찮다고 해서 괜찮은 줄 알았는데 사실은 괜찮지 않았던 순간들이 왜 있었는지 이해되었다. 타인의 언어를 이해할 때는 통역이 필요하다는 인생의 진리를 깨달은 후로, 상대가 무슨 말을 하고 싶은 건지를 발화하는 문장과 별개로 생각해 보려고 했다. '한국어는 고맥락 언어이기 때문에 문맥을 파악하는 것이 필요하다.'는 문장을 머리로만 알고 있다가 수많은 시행착오와 몇 번의 손절로 이제는 조금 이해하게 되었다.

  같은 언어를 쓰는 사람들 사이에도 통역이 필요하다. 내가 아는 초록과 당신이 아는 초록은 다르고, 내가 아는 어깨와 당신이 아는 어깨도 다르다. 어깨가 아프다고 했지만 목인 경우도 있고, 등인 경우도 있다. 어깨가 좋아졌으면 좋겠다고 해서 어깨에 집중해서 운동을 알려드렸더니 어깨가 커지고 싶은 건 아니었다고 하는 경우도 생긴다. 우리가 같은 단어를 쓰는지 확인하지 않으면 갔던 길을 다시 돌아와야 하는 경우가 생긴다. 나는 회원들의 시간을 허투루 쓸 수 없으므로, 가능한 한 번에 올바른 길로 갈 수 있도록 계속해서 질문하게 된다. 언어만 가지고 합일이 되지 않는다고 생각되면 시각 자료도 사용한다.

"선생님, 〈피지컬: 100〉 보시나요? 그 프로그램에 나온 어깨 중에 마음에 드는 어깨를 알려 주세요. 가장 좋아 보이는 몸을 뽑아 주시면 그 몸을 향해 갈 수 있도록 프로그램을 짜 보겠습니다." 같은 식이다.

그뿐만 아니라 번역은 다양한 방식으로 전개된다. 가능하면 나보다는 경력이 긴 사람의 강의를 들으려고 하는 편인데 그러다 보면 교수님들의 강의를 자주 듣게 된다. 교수님의 강의는 보통은 친절하지 않고, 대체로 영어를 쓴다. 한국어로 하는 교육도 있지만 교육 자료는 영어로만 되어 있거나, 설명할 때 영어 단어를 혼용해서 쓴다거나 하는 식이다. 예를 들면 'Ankle joint

의 mobility를 개선하기 위해서는 3차원의 움직임에서의 stability를 확보하는 것이 필요합니다.' 'Chronic pain은 CNS에서 시작됩니다. Spinal cord에서 증가한 excitability가 CNS에서의 리모델링을 만들어요.'와 같은 말을 쓴다.

위의 문장은 그래도 영어를 양호한 정도로 쓰는 교수 자분들의 말이다. 조사 빼고는 모든 단어를 영어로 설명하는 분들도 많다. 그들도 배울 때 영어로 배워서 영어로 설명하는 게 더 편할 것이다. 하지만 이렇게 공부하면 회원들에게 설명할 때도 나도 모르는 새에 자꾸 영어를 쓰게 된다. 영어 단어를 국문으로 번역하고, 쉬운 말로 풀어서 설명하는 것을 미리 연습해 두지 않으면 영어 단어로 말하고 한글 단어로 다시 한번 말해야 하는 일이 자꾸 생긴다.

사실 이렇게까지 열심히 번역하지 않고도 트레이너로 잘 살았었다. 대학교에서 일할 때는 그게 가능했다. 좋은 대학교에 들어온 똑똑한 사람들은 영어를 잘했다. 학생들뿐만 아니라 교수님과 교직원 선생님들도 영어를 쓰는 데 무리가 없었다. 내가 가동성이란 단어 대신 mobility라고 해도 다들 알아들었다. 내 발음이 안 좋아서 되묻는 경우는 있었어도 뜻을 모르는 경우는 거의 없었다. 우물 안에 사는 개구리는 영어를 써도 별 탈이 없었다.

그러다 우물 밖으로 나오게 되었다. 요양원에 봉사 활동을 가고, 어린이 친구들과 운동하고, 중고등학생과 운동하고, 직업도 나이도 다른 다양한 사람들과 운동하게 되었다. 그러다 보니 내가 쓰는 말은 영어가 너무 많은 걸 느꼈다. 사람들이 잘 움직일 수 있도록 돕는 것이 나의 일인데, 내가 외국에서 트레이너를 하는 사람도 아니고 영어를 쓰는 일은 내게 도움이 되지 않았다. 하나씩 이해할 수 있는 한국어로 바꿔 갔다. 그중에서 'tension'이란 말을 바꾸기가 제일 어려웠다. 직역하면 '긴장'이 되어 버린다. 긴장은 부정적인 뉘앙스가 있어서 '근육에 긴장을 만드세요.'라는 말을 하면 자꾸만 사람들 머리에 물음표가 떴다. 나는 적절한 긴장감을 만들라는 뜻으로 쓴 거였는데 사람들 몸이 자꾸 굳었다.

그렇다고 '장력' 같은 말을 쓰기에는 너무 어려운 단어여서 망설여졌다. 긴장은 아니지만, 긴장인 것…… 적당한 단어를 찾느라 시간이 오래 걸렸다. 요새는 그냥 '힘 주세요!' 한다. 이 말도 정확한 뉘앙스를 전달하기엔 부족하다. 하지만 수업하며 소리 지르기엔 최선이다.

  좋아하는 외국 운동 유튜버 중에 'fix you' 시리즈를 만드는 사람이 있다. "허리가 고장 났다고? 고쳐 쓰자!" 하며 운동을 설명해 준다. 그런데 몸은 고쳐서 써야 하는 것일까? 내가 쓰는 단어는 상대방의 몸에 차곡차곡 쌓여서 그가 몸과 운동을 대하는 방식을 결정한다. 내가 고쳐야 한다고 표현하면 그는 자기 몸을 고쳐야 하는 고장 난 몸이라고 생각한다. 그지 열심히 살았을 당신의 몸을 고장 났다고 말하고 싶지 않다. 존재하지도 않는 하자를 찾아내는 사람이 되고 싶지 않다. 그래서 자꾸 조심하게 된다. 그의 몸은 고장 나지 않았다. 계속해서 고친다는 단어를 쓰면서 그의 몸이 고장 나지 않았다고 부연 설명을 한다면 듣는 사람 입장에서는 충돌이 생긴다. '고치긴 해야 하는데 괜찮다는 건가?' 같은 생각을 하게 된다. 이런 혼선을 막고 싶다. 그래서 먼저 고민하고 한 번 필터를 거친 후에 이야기한다.

통역을 하는 선배가 한국어에서 한국어로 바꾸는 것도 번역이라는 단어를 쓴다고 알려 줬다. 나는 어쩌면 번역가의 삶을 사는 것 같기도 하다. 매 수업은 번역이 필요하다. 내가 공부할 때 배운 언어를 그대로 쓸 수 없기 때문에 번역이 필요하다. 또한 개인마다 단어를 정의 내리는 방식이 다르므로 같은 뜻의 단어를 쓰는지 확인하는 과정이 필요하다. 이 과정을 지날 여유가 없다면 가장 대중적인 언어로 풀어서 이야기할 필요가 있다. 그리고 이 과정은 회원의 몸을 평가하고 재단하려는 것이 아니라는 의도를 밝히는 윤문으로 끝난다.

나는 당신의 고유한 경험을 이해하고 싶다. 그렇기 때문에 우리가 언어의 장벽이 없기를 바란다. 통역 따위의 번거로움 없이, 당신의 몸이 가진 맥락과 당신이 사용하는 언어의 맥락을 이해하고 싶다. 그래서 당신의 몸이 가진 역사를 잘 알아차릴 수 있다면 좋겠다. 우리가 언제나 같은 언어를 썼던 것처럼, 당신도 모르는 새에 번역을 마쳐 두고 싶다.

**기분의
값**

 헬스장 창업 관련 강의를 보면 유동 인구를 파악하고, 주 연령대를 파악하는 등 창업을 위해서는 상권 분석을 먼저 하라고 권한다. 그리고 최적의 상권에 진입하는 것이 센터가 살아남기 위해 가장 중요하다고 한다. 이런 분석이 필요하다는 것을 알고는 있었다. 그런데 분석이랄 것 없이 어느 날 망원에 센터를 차리게 되었다.

 나에게는 입지가 중요하지 않았다. 프리랜서로 일을 하면서 내가 장소를 옮겨도 나와 함께 운동할 사람은 남는다는 것을 느꼈다. 바닥만 있는 공간이든 머신으로 가득한 공간이든 먼 곳에서 꾸준히 오는 회원들이 있었다. 그래서 센터가 대로변에 있지 않아도, 사는 집과 거리가 조금 있어도 운동할 사람은 운동을 한다는 믿음이 있었다.

그리고 또 한 가지 이유가 있었다. 센터를 차리는 시점에 나는 하루에 네 시간만 일할 생각이었다. 그래서 일하지 않는 시간에는 책도 읽고, 글도 쓰며, 친구들도 만나고 싶었다. 러닝도 하고 숲을 걷기도 하는 하루를 상상했다. 그래서 센터는 집과 가깝고 친구들이 많이 살며, 한강공원이 근접한 곳이었으면 했다. 말해 뭐 해, 망원이었다.

대학에 갈 때도 놀 궁리민 했었는데 센터를 차릴 때도 마찬가지로 놀 궁리만 했던 것 같다. 일을 조금만 하고 싶었다. 그래서 하루에 네 시간만 일할 수 있는 계획을 세웠다. 개인 고정비와 생활비, 센터의 고정비를 생각했을 때 월세가 150만 원 정도면 가능하겠다 싶었다. 따라서 매물 선택의 기준은 월세 150만 원 미만에 20평 이상의 공간. 망원에 오래 산 친구들이 여러 부동산을 추천해 줬다. 일단 기준을 세우고 매물을 보니 선택권이 많지는 않았다. 한 달 동안 스무 개 정도를 봤다. 같은 월세일 때 지하와 지상은 크기가 두 배 정도 차이가 났다. 내심 지하도 상관이 없을 거라고 생각했는데 가서 보니 상관이 있었다. 지하에서는 내가 하루 종일 있을 자신이 없었다.

작고 소중한 매물들을 계속해서 봐 나갔다. 대체로 구옥이었으며 철거가 완전히 끝나지 않은 곳이 대부분이었다. 크기가 마음에 들면 화장실이 엉망이라던가, 화장실이 괜찮다 싶으면 샤워실을 설치할 수도가 내부 공간에 없었다. 그렇게 하나씩은 마음에 들지 않는 매물 네 개를 추렸다. 그중에 무엇을 포기할 것인가. 나와의 싸움이 시작되었다. 그럼에도 한편으로는 마음에 드는 매물을 아직 만나지 못한 것이라는 생각을 했다. 매물을 찾는 일을 계속하면서 동시에 무엇을 포기할지 고민했다.

그러던 어느 날, 창 가득 초록이 담겨있는 건물 내부 사진을 봤다. 실물을 빨리 보고 싶었다. 바로 부동산에 갔다. 실물을 봤는데 더 예뻤다. 그냥 보고만 있어도 기분이 좋았다. 그리고 25평. 평수도 적절했다. 혼자 운영하기에는 충분히 쾌적한 공간이었다. 드디어 마음에 드는 곳을 찾았다. 다만 적절하지 않은 것이 있었다, 월세였다. 다시 나와의 싸움이 시작되었다. 나는 나의 기분을 사는데 얼마의 비용을 지불할 수 있는가? 예산을 크게 웃돌았지만 그래도 일주일에 한 시간 조금 넘게 일하면 되는 금액이었다. 하루의 기분을 사기 위해서 일주일에 한 시간 더 일할 수 있는가? 답은 정해져 있다. 더 일하는 건 언제나 더 쉬운 선택이다. 그렇게 당일에 가계약금을 넣었다. 친구들은 조금은 더 생각해 보라는 눈치였지만 사장이 된다는 건 내가 결정하고 내가 책임지는 일이니까. 충분히 책임질 수 있겠다는 생각이 들었다. 그렇게 계약하기로 했다.

나중에 부동산에서 들은 이야기인데 내가 계약한 다음 날에 고민하던 다른 사람이 가계약금을 넣겠다고 연락이 왔다고 한다. 이럴 때는 성급한 성미가 참 다행이라는 생각이 든다. 섣부른 판단 덕에 한겨울을 제외하고는 언제나 창으로 초록이 든다. 수업하는 동안에는 창을 등지고 있지만 그래도 거울로 창이 비쳐서 언제나 배경에 나무를 두고 일할 수 있다. 센터는 오후 시간에 해가 가장 잘 든다. 수업하다 말고 날씨 얘기를 한 번은 하게 될 만큼 멋진 장면이 보인다. 비가 오는 날에는 비가 와서 좋고, 눈이 오는 날에는 눈이 와서 좋다. 나뭇잎이 물들어 가는 것을 보는 것도, 그리고 떨어져 가는 걸 보는 것도 내 기분에 큰 도움이 된다. 결국 이 공간에 가장 오래 있는 사람은 나니까. 잘한 선택이지 싶다. 기분이 좋은 사장은 일도 더 잘한다. 그렇게 오늘도 기분을 지키며 성실히 일하고 있다.

즐겁고 행복하게 나아가기

 부동산을 알아보면서 인테리어 업체를 찾기 시작했다. 초록 창에 '마포구 인테리어 업체'라고 입력했다. 검색하면 할수록 무서운 이야기들이 나왔다. 선금을 받고는 업체가 잠적했다거나, 말도 안 되는 시공을 했다거나, 비용이 예상치에서 두 배로 늘어났다거나, 작년에 끝났어야 하는 인테리어가 아직도 진행 중이라거나, 인테리어는 끝났으나 하자가 계속해서 발견된다거나 하는 공포스러운 피해 사례들이 정말 많았다.

게다가 이 시기에는 센터의 브랜딩과 회계 및 예산 관리, 부동산에 연락해 매물을 보러 다니는 일, 웹사이트를 개발하고 브랜드의 언어를 정리하는 일 등 마케팅과 홍보, 기획과 예산 관리를 동시에 그리고 혼자서 진행하고 있었다. 그래서 인테리어만큼은 몽땅 외주를 주고 아무것에도 관여하고 싶지 않았다. 추가적인 결정을 할 여유가 없는 상태였다. 그런데 이렇게 무서운 이야기들만 있다니. 열심히 발품과 손품을 판 결과 운이 좋게 동문 선배의 남편이 하는 업체를 알게 되었다. 수많은 아저씨와 일일이 대면하고 대화하며 조율할 생각만 해도 머리가 지끈했는데 관리 감독 전반을 맡아 줄 대리인이 생겼다. 그래도 대뜸 "마, 최선을 다해 주십쇼!" 할 수는 없으니까 내가 할 수 있는 일을 해 나갔다. 브랜딩을 하며 만들어진 세이프짐의 키 컬러가 있었고 영화를 촬영하는 친구에게 사진이 잘 나오려면 어떤 벽과 조명을 써야 하는지 물었다. 그리고 가구를 만드는 친구가 있어서 인테리어의 전반적인 콘셉트에 대한 자문을 받았다. 브랜딩을 하며 만들어 간 세이프짐의 인상과 친구들의 조언을 정리해서 원하는 바를 담은 PPT를 만들었다. 대표가 할 수 있는 구체화는 다 했다. 그리고 인테리어 업체와 만나서 세부적인 디테일을 논의했다. 너무나도 다행히 인테리어는 큰 문제 없이 진행되었다. 중간에, 가구 업체가 휴가를 가서 일정이 조금 미뤄졌지만 사람이 하는 일인데 이 정도 변수가 없을 수는 없는 거니까. 인테리어가 진행되는 한 달여 동안 나는 개발자를 만나서 세이프짐의 홈페이지를 만들고, 디자이너님과 함께 공간에 담을 세이프짐의 인상을 만들어 나갔다.

 인테리어가 완료되고 운영을 하면시는 메일 센터 청소를 한다. 어쩌면 가장 많이 하는 게 청소인지도 모른다. 센터에 가장 오래 머무는 사람은 나다. 센터에서 가장 손을 많이 씻는 사람도 나고, 화장실을 가장 많이 쓰는 사람도 나다. 센터는 집보다도 오래 머무는 공간이기 때문에 열심히 치운다. 청소기는 밥 먹고 소화할 겸 돌리고, 화장실이나 세면대 수전, 테이블 등은 그때 그때 치운다. 일주일에 한 번씩은 대청소와 빨래를 한다. 한 달에 한 번은 기구에 기름을 칠하고 천장부터 바닥까지의 먼지를 닦는다. 그래서인지 아직 센터가 지저분하다는 소리는 들은 적이 없다. 일주일에 몇 번씩 오는 회원분도 "오늘 왠지 센터가 더 깨끗한 거 같아요." 같은 말을 해 주신다. 공간의 컨디션을 유지하는 것은 계속해서 해 나갈 일이다.

회원이 공간에 머무는 동안의 여정이 편안하도록 동선을 만들고 쾌적함을 신경 쓴다. 현관의 문을 열고 계단을 지나 2층에 올라오는 순간부터 세이프짐의 시그니처 향을 담은 디퓨저 향기가 난다. 쉼을 생각하면 날이 좋을 때 그늘에 누워 책 읽는 모습이 생각이 난다. 그래서 조향사 님과 함께 햇빛이 쨍한 날 나무 그늘에 있는 것 같은 향을 만들었다. 이 향기는 회원의 동선을 따라 입구에서 로커까지 연결된다. 고된 하루를 보내고 먼 길을 온 회원들이 센터에 도착했을 때 기분이 좋기를 바랐다. 내가 향기에 쉽게 기분이 좋아지는 사람이어서 출근할 때도 기분이 덩달아 좋아진다. 한번은 "선생님, 여기는 향기 때문에 시각장애인 분도 쉽게 찾아오실 수 있을 것 같아요."
라는 말을 들었는데 그 말이 또 그렇게 좋았다.

 수업이 진행되면 회원은 세션 카드에 스티커를 붙인다. 그리고 회원이 스티커를 열 개 모으면 나는 세션 카드 뒷면에 그동안 했던 운동과 그 운동들로 얼마나 성장했는지를 담은 편지를 적는다. 수업 시간에도 그의 성장에 대해 이야기하지만, 그걸로도 부족해서 열 번 단위로 다시 정리된 성장을 담아 손에 들려 보낸다. 말은 휘발될 수 있지만 글은 휘발되지 않고 남는다고 믿는다. 그래서 그가 언젠가 운동을 그만둬도, 혹여 몸이 약해져도, 내가 운동하며 얼마나 많은 일을 하게 되었는지 복기할 수 있었으면 하는 마음에서 편지를 쓴다. 언제든 다시 시작하면 우리가 천천히 나아갔던 것처럼 또 해낼 수 있을 거라고, 그런 마음이 생기길 바라면서 적는다.

 회원의 성장을 나만 보는 것이 아까워서 더 많은 사람이 이 성장에 용기를 얻길 바라며 세이프짐 매거진도 내고 있다. 낱장의 카탈로그 형태다. 회원이 어떤 상태에서 어떤 목적으로 운동을 시작해서 지금 얼마나 건강하고 강해졌는지를 인터뷰해 그가 운동하는 멋진 사진과 함께 담는다. 지류의 형태로 만들어서 세이프짐을 오가는 사람들에게 나눠 주기도 하고, 인스타그램에 인터뷰를 정리해서 업로드도 한다. 세이프짐에서 운동하며 나아가는 사람들의 이야기를 크게 떠들면 떠들수록 더 많은 여자가 운동하게 될 것이라고 믿는다. 그래서 자꾸만 사비를 들여서 사람들이 얼마나 잘하고 있는지를 외치게 된다. 이 인터뷰는 출석률이 높은 회원에게 우선순위가 있다. 출석만 잘하면 계속해서 성장하고 덤으로 매거진의 주인공이 될 수 있다.

세이프짐은 더 많은 여성이 안전하게 운동할 수 있도록 지원하는 곳이다. 당신이 안전한 공간에서 자유롭게 운동하며 건강하게 살 수 있도록 돕는 것. 세이프짐이 계속해서 나아갈 방향이다. 언젠가는 세이프짐이 전국에도, 전 세계에도 생겼으면 좋겠다. 더 많은 여자가 운동으로 삶의 지면이 넓어지는 경험을 할 수 있었으면 좋겠다.

그래야 사장이 즐겁고 행복하다. 나는 계속 이 즐겁고 행복한 일을 해 나갈 것이다.

더 나은 삶을 위한 식사 2

16시간 단식

매일매일 일을 하는 건 참 힘들지요. 이렇게 매일 일하는 우리처럼 쉬지 않고 일하는 장기 중에는 소화 기관도 있어요. 우리가 섭취하는 음식의 밀도와 칼로리가 점점 더 높아질수록, 소화 기관의 노동 강도도 높아져요. 고생하고 있을 위장이 휴식할 시간을 만들어 볼까요?

16시간 단식을 해봐요. 일회성으로 하는 단식이고요, 유난히 피곤하거나 과식했을 때 하면 더 좋아요. 단식은 저녁 식사나 마지막 식사를 기준으로 16시간 동안 진행하면 돼요. 예를 들어 저녁을 8시에 먹었다면, 다음 식사는 다음 날 오후 12시에 하는 거예요. 만약 저녁 약속이 있어서 식사를 늦게 했다면 그 시간을 기준으로 16시간 후에 식사하면 돼요. 기존의 간헐적 단식에 비해서 융통성이 있는 방법이에요. 고정된 시간에 맞추는 게 아닌 마지막 식사를 기준으로 할 수 있어서 도전하기 쉬울 거예요!

아기를
데려가도 될까요?

"선생님, 강아지 키워 주세요."
"네?"
"그리고 센터에 데려와 주세요."

역시 인간은 사리사욕으로 움직인다. 강아지를 보고는 싶은데 키울 수 있는 상태는 아닐 때 다른 사람이 키우는 강아지를 만나는 행운을 기대하게 된다. 인사 한번 하길 바라는 마음으로 강아지가 많이 다니는 길로만 산책하는 사람으로서 무슨 마음인지 너무나 잘 알고 있다.

강아지를 키워 달라는 회원과 마찬가지로 나의 사리사욕 때문에 반려동물을 환영한다. 강아지를 키우신다고요? 15kg라고요……? 데려와 주세요…….

또한 나의 사리사욕 때문에 아이를 환영한다. 엄마가 바벨을 들고 휘두르는 모습을 본 여자아이가 어떤 세상을 꿈꿀지 기대되기 때문이다. 그 기대로, 언제나 반려동물 환영, 어린이 친구 환영이다.

물론 왕 크고 왕 귀여운 강아지 친구가 오면 나와 회원 모두 열심히 수업했지만 끝나고 보면 무엇을 했는지 기억이 안 나는 정신없는 시간이 된다. 비교적 얌전한 강아지 친구도 우레탄 바닥을 만나면 일단 달리고 본다. 그렇게 '우다다'를 한바탕해야 진정이 된다. 수업 중간중간에도 광란의 시간이 있어서 겨우 진정시키고 운동하는 시간이 몇 번 반복되면 수업이 끝난다. 나의 손과 회원의 손에 간식이 들려 있는 채로 수업을 시작하고, 수업이 끝날 때쯤 되면 손이고 얼굴이고 축축해진다. 그리고 대체로 털이 온 바닥에 떨어지고, 우레탄에 박힌 강아지 털은 청소기로 청소가 되지 않는다. 돌돌

이를 다섯 번쯤 돌려야 눈에 보이지 않는 정도가 된다. 한 마리의 강아지 친구가 오면 매일 청소하는데도 일주일은 털이 이곳저곳에서 나타난다. 그래도 좋다. 내가 좀 정신이 없더라도, 청소를 더 열심히 해야 하더라도, 그래도 동물 친구들이 편하게 올 수 있었으면 좋겠다. 그래야 회원이 한 번이라도 더 센터에 온다. 동물병원 가는 길에도 운동하러 갈 수 있고, 산책 중간에도 올 수 있기를 바란다. 그 김에 나도 강아지 친구와 한바탕 놀 수 있으니까. 회원, 강아지, 나 모두 운동을 더 할 수 있는 이 좋은 일을 안 할 수가. 아이와 함께 오는 회원님도 마찬가지로 모두에게 좋은 일이 된다. 아이도 운동하고, 엄마도 운동하고, 나도 운동한다.

아이는 취약하다고 생각하지만 자신을 지킬 수 있을 정도의 근력을 가지고 태어난다. 갓난아이도 매달려서 버텨야 하는 상황에서 살아남을 수 있도록 디자인되어 있다. 그래서 어른은 턱걸이를 못하지만 갓난아이는 턱걸이를 할 수 있다. 아이랑 둘이 있으면 센터에서 궁금한 기구가 있냐고 물어본다. 그러면 자신의 기준에서 제일 멋있게 생긴 걸 가리킨다. "한번 해 볼까?" 하면 백이면 백 다 입꼬리가 씩 올라간다. 주춤하는 것 같아도 입꼬리는 올라간다.

이 순간이 참 좋다. 어린이는 움직이는 것을 크게 망설이지 않는다. 목말을 태우고 바를 잡을 수 있는 높이를 만들어 주면 바를 잡아채는 감각이 느껴지고 곧이어 어깨에 닿아 있는 엉덩이가 점점 가벼워지는 게 느껴진다. 힘쓰는 소리가 들리고 숨을 참는 것 같으면 살짝 도왔다가 천천히 내려 준다. 멋진 어린이! 잘했습니다! 칭찬을 열 번쯤 하고 손뼉을 치고 하이파이브를 한다. 이제 어린이 친구는 눈까지 활싹 웃는다. 이런 즐거운 일을 안 하고 지나칠 수 있는 사람이 있을까? 그 환한 웃음을 보면 누구든 하고 싶어질 수밖에 없다. 아, 트레이너가 되길 정말 잘했다.

나는 사람들이 움직이는 것을 보는 게 너무 좋다. 사람만이 아니라 어떤 생명이든 생동하는 걸 보면 행복해진다. 아이든, 강아지든, 어른이든, 노인이든 그가 움직이며 나아가는 걸 보는 게 너무 재밌다. 쓰다 보니까 나만 이렇게 재밌을 수도 있을 것 같다는 생각이 든다. 뭐 그러면 어때, 나는 이 재밌는 일을 하고 있다. 그리고 내일도 할 거고 모레도 할 거다. 그렇게 매일 재밌게 살아야지.

제가 재밌습니다. 그러니까 강아지와 함께, 아이와 함께 오세요!

언니들

 언제나 동생보다 언니가 편했다. 학교 다닐 때도 후배들은 피해 다녔다. 밥 사달라고 하거나 술 사달라고 하면 돈만 내고 도망갔다. 나이가 어린 사람들을 대하다 보면 언제나 꼰대가 되는 것 같았다. 물어보지도 않은 걸 내가 먼저 겪었다고 주절주절 늘어놓고는 후회하는 시간이 몇 번 반복되니 피하는 게 더 낫겠다 싶었다. 그래서 가능하면 언니들이랑 놀았다. 언니들은 내가 좀 실수해도 괜찮다고 해 준다. 그렇게 살다 보니 동갑 친구 아니면 언니들밖에 없는 세상이 되었다. 수업을 할 때도 나보다 어린 사람보다는 나이가 많은 사람이 편하다. 서로 약간은 어렵게 대하는, 그 정도의 선을 지키는 사이가 무언가를 배우기엔 가장 좋다고 느낀다.

보통 스무 명 내외의 회원과 함께 운동하는데, 이들의 나이대 분포를 보면 30대가 가장 많고 20대와 40대 이상은 비슷하다. 40대 이상의 회원은 40~70대까지 골고루 분포되어 있다. 나이가 다르더라도 가르치는 사람으로의 태도는 크게 다르지 않은 것 같다. 그래도 중년 이상의 회원과 함께 할 때는 그들에게 도움을 주면서 그들을 무능하게 만들지 않을 수 있도록 신경을 쓰는 편이다. 활동량이 계속 줄어 가는 과정에서 위축된 근육만큼 마음도 위축될 수 있다. 그래서 속도를 늦추고 그가 자신의 몸을 통제할 수 있다는 느낌이 들 수 있을 때까지 기다린다. 과하게 개입해서 트레이너가 나를 도와야만 내가 움직인다고 생각하지 않을 수 있도록 주의한다. 그리고 가능한 그의 몸에 대한 역사를 듣는 시간을 충분히 가진다. 어른들과 얘기하다 보면 옛날이야기라고 하면서 여러 번 말씀하시는 부분이 있지 않은가? 그런 부분을 잘 듣고 맞장구를 열심히 친다. 같은 말을 반복하더라도 괜찮다. 나도 수업하면서 매번 반복하니까. 중요한 건 다시 말할 필요가 있기 때문이다.

듣다 보면 내가 더 많이 배운다. 도대체 이해할 수 없었던 부모의 마음이라든가, 개인 사업자로서 가져야 할 마음가짐이라든가, 부동산 취득의 타이밍까지도 배운다. 대뜸 "선생님, 월세 내면 안 돼요. 건물을 사세요." 하는 회원님부터 "우리 선생님 같은 사람 며느리 삼아야 하는데~ 근데 우리 아들이 부족해서 안 되겠다!" 하는 회원님까지 언제나 예상한 것보다 다채로운 대화가 오간다.

"선생님 어머님은 요새 운동하세요?" 우리 엄마를 한 번도 본 적은 없지만 이렇게 안부를 묻기도 하고, 요새 유명한 병원 추천을 해 주기도 하신다. 내가 회원을 보고 엄마를 떠올리는 것처럼 그도 나를 보고 자식을 떠올리지 않을까 생각한다. 이 책을 엄마 아빠가 읽을지는 모르겠지만 (그렇다면 당당하게 포부를 밝혀 봅니다.) 요즘 나의 목표는 금쪽이가 되는 것이다. 지금보다 부모를 더 실망시킬 계획이다. 더 이상 부모의 자랑이 아니라 내가 나의 자랑이 되고 싶다. 그래서 거리를 두고 있다. 이런 계획을 눈치채는 것도 엄마 또래의 회원이다. "더 실망시켜도 돼요. 선생님이 아니라 부모가 선생님으로부터 독립이 필요해요." 우리 엄마는 이런 말을 나한테 해 준 적이 없는데 운동 몇 번 같이 한 선생님은 이런 말을 해 준다. 수업 중에 울 수는 없으니까 더 씩씩하게 "감사합니다! 더 열심히 해 보겠습니다!" 한다. 이 선생님은 매번 수업이 끝날 때마다 "덕분입니다!"라고 얘기해 주신다. 일주일에 몇 번씩 들어도 이 말이 참 좋다. 나한테 좋았으면 다른 사람도 좋겠지, 생각하면서 다른 회원에게도 "다 선생님 덕분입니다!" 한다.

   역시 언니들이 좋다. 내가 언니라고 하면 선생님이 싫어할지도 모르겠지만 그래도 연상의 여자를 언니라고 하니까 60대의 선생님은 왕언니라고 불러도 되지 않을까. 역시 나는 언니들이 최고로 좋다.

트레이너의
하루와 쉼

"너는 다른 사람들의 아픈 점, 힘든 점을 봐주는 사람이니까 자신의 아픔을 품어 줄 시간은 상대적으로 적었을 수도 있겠다."

친구가 이런 말을 했다. 대답을 어떻게 했더라.

"일할 때는 더 애쓰게 되긴 하는 것 같아. 내가 아무리 지쳐 있어도 그걸 보여 줄 수는 없으니까. 나는 내가 잘 돌봐 줘야지!"

호기롭게 이야기했지만 내가 나를 잘 돌보고 있던가 싶었다. 내가 어떻게 나를 돌보고 있나 한참 들여다봤다.

집의 침대는 큰 창을 마주 보고 있는데 그 창에는 햇빛이 반쯤 투과되는 암막 커튼이 있다. 알람은 오전 8시에 맞춰져 있다. 보통은 이 시간에 일어나고 간혹 눈이 부실 만큼 해가 강하면 일찍 일어난다. 일어나면 커튼을 걷고 커피부터 내린다. 마음에 여유가 있는 날에는 모카포트로 커피를 내리고, 여유가 없는 날에는 드립백을 쓴다. 모카포트는 물 끓는 소리가 듣기 좋고, 드립백은 내리는 것 자체가 명상이다. 부풀고 또 이내 꺼지는 원두를 보고 있으면 조급했던 마음이 조금 누그러진다. 가끔은 두유로 라테를 만들어 먹고 보통은 따뜻한 아메리카노를 먹는다. 냉동실에는 간단히 먹을 만한 것들이 잔뜩 있다. 떡이나 닭가슴살 소시지 같은 것들, 그것들을 데워 먹거나 계란후라이만 후딱 해서 햇반이랑 먹는다. 아주 드물게 아침부터 국이 있는 몇 첩 반상을 먹을 때도 있다. 엄마가 반찬을 잔뜩 주고 간 지 얼마 안 되었을 확률이 높다. 이렇게 어떻게든 아침을 먹는다. 그래야 오전 수업을 힘내서 할 수 있다. 샤워는 냉동식품을 데울 때나 계란프라이가 익는 중에 한다. 밥 먹고 있으면 머리가 얼추 다 마른다. 그럼 이제 출근 준비 완료다. 너무 춥거나 비가 오는 경우가 아니라면 보통은 바이크로 출근한다. 15분 정도 이동하면 센터에 도착한다. 센터에 도착하면 9시 30분 정도 된다. 헬멧을 사물함에 넣어 둔다. 그리고 불을 켜고 에어컨을 켜고 창문을 연다. 환복을 한다. 환복 후에는 블루투스 스피커를 켠다. 이제 공간의 준비는 끝났다. 노트북을 열고 오늘 스케줄을 확인한다. 오늘 스케줄에 맞춰서 세션 카드를 작성하고 각 회원의 세부적인 프로그램을 확인하는 시간을 갖는다. 회원의 이전 기록을 확인한다. 그래도 시간이 남으면 메일을 확인한다. 곧 회원이 도착한다.

이제 오전 수업 시작이다. 내리 서너 개의 수업을 한다. 수업 중간의 쉬는 시간에는 다시 기록을 하고, 물을 마시고, 잠깐 숨을 돌린다. 오전 수업이 끝났다. 세 시간의 휴식 시간이 있다. 일단 점심부터 먹는다. 센터에 있는 냉동 도시락을 먹거나 근처에 나가서 사 먹는다. 밥을 먹은 후에는 청소기를 돌린다. 밥 먹고 잠깐이라도 걸을 수 있고 공간도 깨끗해져서 꽤 잘 만든 루틴이라고 생각하고 있다. 그리고 수업 외의 업무를 본다. 문의에 답장하고 SNS를 관리하고, 매출과 지출을 정리하는 일을 한다. 트레이너의 업무도 대표의 업무도 아닌 외부 업무가 있을 때는 할 수 있는 일들을 해서 넘긴다. 그러다 보면 저녁 수업을 할 시간이 된다. 다시 내리 서너 개의 수업을 한다. 가끔 다섯 시간 연속 수업이 될 때도 있는데 그런 날에는 수업 시작 전에 냉동 도시락을 하나 더 돌려 먹거나 우유가 들어 있는 커피를 마신다. 2시에 먹은 점심으로 10시까지 버티면 수업하면서 말을 버벅대게 된다. 설명하는 일을 하는 사람이 버벅거릴 수는 없는 노릇이니까 욱여넣는다. 그렇게 50분 수업 10분 휴식을 몇 번 더 지나면 드디어 퇴근할 시간이다!

공간의 전체적인 컨디션을 확인하고, 수건을 채우고, 매트를 닦고 그립과 벤치를 닦는다. 그러면 진짜 '퇴근!'은 아니고 낮에 못 한 일들을 자리를 이동해서 한다. 집 근처로 이동해서 카페나 바에 간다. 지금도 이 글을 퇴근 후에 쓰고 있다. 11시에는 마치려고 하는데 12시가 넘어갈 때도 있다. 모든 일을 마치면 진짜로 퇴근해서 집에 간다. 도착하자마자 씻고 의자에 앉아서 뭐 볼 게 없나 넷플릭스를 뒤진다. 뭘 볼 때도 있고 안 볼 때도 있다. 침대에 눕기 전에 암막 커튼을 친다. 그리고 눕는다. 늦어도 1시에는 자려고 하는데, 대체로 조금 더 늦게 잔다.

나는 잘 쉬고 있는 걸까? 구체적으로 하루를 나열하니 말문이 막혀 버렸다. 낮에 쉬는 시간에도 일하고 퇴근하고도 일하면서 아직도 안 지치고 일을 하는 게 용할 지경이다. 역시 젊음이 좋다. 아, 낮에 30분 정도의 무분할 웨이트를 한다. 많이 하면 주 3회 정도 하고 적게 하면 주 2회 정도 한다. 할 일이 많은 사람치고는 나름대로 최선을 다해서 쉬고 있다고 그래도 믿고 있다.

그러다 다른 사람은 어떻게 사는지, 어떻게 구체적으로 쉬고 있는지 궁금해졌다. 트레이너의 직업적 장점 중에 하나는 다양한 직업군의 사람들과 매일 만난다는 것이다. 바로 물어봤다. "선생님은 쉴 때 뭐 하면서 쉬세요?" 몇몇은 루틴한 휴식의 패턴이 있었고, 대부분은 쉴 시간을 내보려고 하는데 정작 시간이 났을 때 뭘 하며 쉬는 게 좋을지 아직 모르겠다고 했다. 다들 일하는 게 익숙하지, 쉬는 게 익숙한 사람들이 아니었다. 종종 느끼는 데 결국 오래 운동을 함께 하는 분들은 나랑 비슷한 사람들인 것 같다. 결이 비슷한 사람들끼리 비슷한 고민을 하면서 서로에게 작은 도움이 닿기를 기대한다. 이 소소한 기대들이 결국 관계를 돈독하게 하는 것 같다.

방송국에서 일하는 회원님과 휴식에 관한 얘기를 하던 중에 "희극인의 삶을 살고 계시네요."라는 말을 들었다. 보이는 순간에 무너지지 않으려 애를 쓰는 모습이 희극인 같다고. 어쩌면 꽤 비슷할지도 모르겠다. 기왕이면 좋은 트레이너로 보이고 싶고, 일하는 동안에는 조금이라도 그의 성장에 기여할 수 있었으면 좋겠다는 마음으로 수업을 하게 된다. 다정은 체력에서 나온다. 기력이 없는 사람은 타인에게 관대할 수 없다. 회원과의 관계에서 다정해지려면 나는 기력도 체력도 좋아야 한다. 그러므로 피곤하지 않도록 업무 시간을 분배하고, 잘 쉬고 회복할 수 있도록 최선의 환경을 만들기 위한 시행착오도 최선을 다해서 겪는다. 이 모든 과정에도 피곤함이 남아 있다면 티가 나지 않도록 더 힘껏 웃는다.

애쓰는 것 자체가 나쁘다고는 생각하지 않는다. 다만 원하는 만큼 노력하면서 트레이너로 살아가려면 일하는 시간이 줄어야 한다고 느낀다. 원하는 만큼 성실하게 일하기 위해서는 일하지 않는 시간을 꼭 만들어야 한다. 모든 주의를 상대방에게 두고 작은 움직임들에 집중하는 건 품이 많이 들기 때문에 연속해서 하기엔 큰 소진이 따른다. 결국 나의 소진은 수업의 질을 떨어뜨리므로 나와 회원 모두를 위해서 수업을 적당히 하고 쉬는 시간을 만들어야 한다.

수업하다가 "선생님, 저희 같이 쉬어요."라는 얘기를 들은 적이 있다. 다른 운동으로 넘어가기 전의 쉬는 시간이었는데 그 말이 어찌나 어색하던지 뭐라고 대답했는지 기억도 나지 않는다. '어……? 어……' 하고 다음 운동을 했던 것 같다. 왜 그렇게도 어색하고 겸연쩍었을까.

큰 헬스장에서 트레이너로 일하면 연속 대여섯 시간 수업은 당연한 일이 된다. 열 시간이 넘는 연속 수업도 잦다. 밥은 쉬는 시간 10분 안에 해치우듯 먹고 다시 바로 수업에 들어간다. 수업의 질이 떨어지는 건 어쩌면 필연적일 수밖에 없을지도 모른다. 수업을 하루에 열 개 넘게 하면 자꾸 앉고 싶은 마음이 든다. 그래도 엉덩이를 대고 털썩 주저앉을 수는 없어서 무릎을 꿇고 있거나 머신에 기대 있는다. 회원들은 쉴 때 편하게 쉬라고 이야기하면서 나는 종일 무릎 꿇고 있는 사람이 된다.

PT의 세션 단가는 50분을 기준으로 설정된다. 그래서 수업을 하는 동안에는 1분도 허투루 쓸 수가 없다. 엉덩이를 대고 편히 쉬거나, 휴대폰을 보는 등 개인 업무를 처리하거나 하는 건 생각을 못 하겠다. 그냥 포모도로의 스케줄로 사는 거로 생각한다. 50분간 수업하고 빠르게 정리하고 기록하고 나서, 5분이라도 물 마시고 쉬면서 다음 수업 준비를 한다. 적고 보니 포모도로는 아닌 것 같다. 이것을 포모도로라고 하기엔 쉬는 시간이 너무 부족하다. 그래서 힘든 거였을까?

센터가 성황리에 운영이 되면서 다른 여자 트레이너분들에게 조언을 줄 기회가 생겼다. 그때 네 시간 수업하고 세 시간 쉬고 네 시간 수업한다고 말했었는데 지금 생각해 보면 너무 과한 기준을 제시한 것이 아닌가 싶다. 나부터 더 좋은 환경에서 일하면서 그 환경을 알려 줄 수 있었다면 좋았을 텐데. 누구보다 멋진 실행력을 가지고 오만가지 시행착오를 겪고 있는데 아직도 얼마만큼 일하는 게 나에게 최선인지를 모르겠다. 컨디션이 좋을 때와 좋지 않을 때를 평균 내서 수업 시간을 정하면 될까? 무리하지 않고 일하는 것이 최선일까? 젊어서는 열심히 일하는 게 남는 거라던데 이렇게 세상을 만만하게 살아도 될까?

나름의 기준을 가지고 쉬는 시간과 일하는 시간을 지키고는 있지만 더 큰 어려움이 있다. 결제하겠다고 찾아오는 사람을 자리가 없다며 돌려보내야 할 때이다.

지금 함께 운동하는 사람들에게 최선을 주기 위한 선택이지만 그래도 마음이 편치 않다. 운동하겠다는 결심을 하고 여기에 왔을 텐데. 그 결심의 무게가 얼마나 무거운지 아는데…… 트레이너가 그 결심을 못 본 척한다는 생각이 들어서 자꾸 괴롭다. 그래도 다시 마음을 잡고 나를 소진하지 않는 것이 내가 할 수 있는 최선이라 믿으며 스케줄을 짠다. 그렇게 어렵게 지켜내서 네 시간 일하고 세 시간 쉬고 네 시간 일한다. 잠깐 정신을 놓으면 또 수업이 늘어 간다. 4-3-4의 규칙이 깨졌다는 자각이 들면 다시 수업을 줄인다.

  4-3-4의 규칙이 깨진 것을 알아차리는 순간은 대체로 쉴 때이다. 일할 때는 규칙이 깨어졌나 같은 생각을 할 틈이 없다. 대신에 휴식 시간을 보낼 때 미드를 틀어 놓고 책을 보려고 한다거나, 통화를 하는 중에 다른 연락을 확인한다거나 하는 등 여러 가지 일을 동시에 진행하려고 하는데 이때 절대적인 쉬는 시간이 부족하다는 것을 알아차린다. 시간이 부족하기 때문에 부족한 시간에 열심히 쉬려다 보니 동시에 여러 일을 한다. 나

는 멀티태스킹을 잘하지 못할뿐더러, 이건 쉬는 게 아니라 되려 나의 소진을 촉진한다는 걸 이제는 안다. 이렇게 하나씩 정신과와 친구들 곁에 머물면서 배운다.

내가 일하는 이유는 타인에게 좋은 영향을 주면서 나 또한 성장하고 나아가길 바라는 것이지, 나를 탈진하게 만드는 것이 아니니까. 이제는 내가 더 행복했으면 좋겠다. 행복을 향하는 과정이 시행착오라면 흠뻑 겪어보고 싶다. 계속 투덜거리겠지만 그래도.

더 나은 삶을 위한 식사 3

한 끼 채식

혈관 건강을 위해서는 붉은 육류를 줄이는 게 도움이 돼요. 기왕 육류를 줄이는 김에 하루에 한 끼는 채식 식단을 해 식물 단백질과 식이섬유를 충분히 섭취해 보면 어떨까요? 아무래도 다른 사람과 함께 바깥에서 식사할 때는 채식 선택권이 좁은 편이에요. 대신에 온전히 나만을 위한 식사를 할 때에는 다양한 탄수화물과 단백질을 섭취할 수 있는 채식에 도전해 봐요.

붉은 육류는 반드시 빼고요. 그다음엔 생선이나 가금류까지 빼 보세요. 계란과 우유는 가장 마지막에 도전해 보세요. 붉은 육류만 줄여도 건강에 도움이 된답니다. 지구와 동물들을 위해서, 또 우리가 오래도록 이 계절을 즐길 수 있도록 하루에 한 끼는 식물이 가득한 밥상으로 채워 보세요.

에필로그 딱 맞는 운동을 찾는 법

  작은 움직임을 쌓아 본 경험은 몸으로 하는 일의 어려움을 줄여 줍니다. 우리가 함께 움직여 본 경험이 더 큰 자유로움을 만들어 줄 거예요. 맨몸 운동을 하는 것도 좋지만, 팀으로 하는 운동, 물에서 하는 운동, 공으로 하는 운동 등 재밌어 보이는 운동을 다양하게 시도해 봤으면 좋겠어요. 할 수 있는 운동이 많아질수록 더 오래 운동과 함께하실 수 있을 테니까요.

  새로운 운동을 배우는 건 소개팅과 비슷해요. 상대방

에 대해 수소문해 보고 가도 실제 경험은 조금 다를 수도 있고요. 별 기대 없이 한 소개팅에서 거하게 치일 수도 있어요. 첫 데이트가 바로 백년해로로 이어질 수도, 아닐 수도 있을 거예요. 그래도 겪어 봐야 다음에 더 나은 경험을 할 수 있으니까요. 내가 어떤 사람을 좋아하는지 충분히 알아보세요. 내가 나를 잘 알게 될수록 어떤 상대를 만나고 싶은지도 구체적으로 그려질 거예요. 그렇게 여러 번의 시도를 해 보셨으면 좋겠어요. 너무 성애적인 비유라면, 친구를 만나는 것으로 생각해 보셔도 좋아요. '나랑 이런 부분은 참 잘 맞네. 이런 부분은 참 다르다. 근데 그것도 참 좋네.' 또는 '이 부분은 맞추기가 쉽지 않겠네.' 같은 경험을 할 수 있지요. 그러다가 정말 잘 맞으면 결혼도 할 수 있겠지요. 정상 가족의 형태가 아니더라도, 어떤 식으로든 연결될 수도 있을 거예요.

그렇게 충분히 겪고, 서류로도 묶여 보고 하다가, 정말 해결이 안 되는 문제가 있다면 개인 상담이든, 부부

상담이든 받아볼 수 있겠지요. 저는 이때가 트레이너를 만나야 하는 시점이라고 생각해요. 서로 알아 가는 과정에서의 소소한 다툼들은 해결해야 하는 문제라기보다는 필수적인 과정에 가까워요. 이렇게도 저렇게도 이야기해 보면서 과정을 지나려고 하시면 좋겠습니다.

만약 상대가 나를 주저앉히려 한다고 느껴진다면, 뒤돌아보지 말고 떠나시면 됩니다. 좋은 운동은 선생님을 주저앉히지 않아요. 나를 움직이게 할 수 있는 것이 나에게 맞는 운동이고, 나에게 좋은 운동입니다. 더 많은 것을 꿈꾸게 하는 사람, 그리고 운동과 오래도록 함께하시길 바라요.

2024년 가을
여러분이 운동으로 자유로워지길 바라는
박정은

우리는 운동을 너무
진지하게 생각하지

1판 1쇄 인쇄 2024년 9월 20일
1판 1쇄 발행 2024년 9월 30일

지은이 박정은
펴낸이 김성구

책임편집 이은주
콘텐츠본부 고혁 김초록 류다경 이영민
디자인 이응
마케팅부 송영우 김지희 김나연 강소희
제작 어찬
관리 안웅기

펴낸곳 (주)샘터사
등록 2001년 10월 15일 제1-2923호
주소 서울시 종로구 창경궁로35길 26 2층 (03076)
전화 1877-8941 | 팩스 02-3672-1873
이메일 book@isamtoh.com | 홈페이지 www.isamtoh.com

ⓒ 박정은, 2024, Printed in Korea.

이 책은 저작권법에 따라 보호를 받는 저작물이므로 무단전재와 복제를 금지하며
이 책의 내용 전부 또는 일부를 이용하려면 반드시 저작권자와 (주)샘터사의
서면 동의를 받아야 합니다.

ISBN 978-89-464-2291-9 03810

값은 뒤표지에 있습니다.
잘못 만들어진 책은 구입처에서 교환해 드립니다.

샘터 1% 나눔실천
샘터는 모든 책 인세의 1%를 '샘물통장' 기금으로 조성하여 매년 소외된 이웃에게
기부하고 있습니다. 2023년까지 약 1억 1,200만 원을 기부하였으며, 앞으로도 샘터는
책을 통해 1% 나눔실천을 계속할 것입니다.